den Elbtöchtern und den Gezeiten und Mathias

HELLA KEMPER

ELBSCHWIMMER

Die Rückkehr einer Badekultur

MURMANN

Die Deutsche Bibliothek – CIP-Einheitsaufnahme
Ein Titelsatz für diese Publikation ist bei
der Deutschen Bibliothek erhältlich.
ISBN 3-938017-54-6

1. Auflage Juni 2006

Umschlaggestaltung: Rothfos & Gabler, Hamburg
Umschlagbild: Ullstein Bilderdienst
Herstellung und Gestaltung: Eberhard Delius, Berlin
Satz: Offizin Götz Gorissen, Berlin
Gesetzt aus der Bulmer und Agenda
Druck und Bindung: Kösel GmbH, Altusried
Printed in Germany.

Besuchen Sie uns im Internet: www.murmann-verlag.de

Inhalt

Anschwimmen

Es gibt im ganzen Weltkreis nichts Beständiges.
Alles ist im Fluss, und jedes Bild wird gestaltet, während es vorübergeht.
Ja, auch die Zeiten gleiten in ständiger Bewegung dahin, nicht anders als ein Strom.
Denn stillstehen kann weder der Fluss noch die flüchtige Stunde,
sondern wie die Woge von der Woge getrieben wird und im Herankommen
zugleich bedrängt wird und die Vorgängerin verdrängt,
so fliehen die Zeiten und folgen zugleich.

Ovid

Menschen suchen von jeher die Nähe der Flüsse. Flussschwimmer gleiten in dem Element, aus dem alles Leben kommt, sie sehnen sich nach der eigenwilligen Kraft, nach der geheimnisvollen Harmonie von Strom und Mensch.

Panta rhei, alles fließt, schrieb der griechische Philosoph Heraklit über die Natur, über die Welt, alles ist ständige Bewegung, im Fluss der Dinge, im Wechsel. Karatylos knüpfte bei Heraklit an und hinterließ uns folgende Erkenntnis: Man steigt nicht zweimal in denselben Fluss. Wir verändern uns, das Wasser verändert sich. Schon während der Handlung, wenn man in den Fluss steigt, findet Veränderung statt.

Jedes Bad in der Elbe bedeutet Veränderung. Man entsteigt der Elbe als ein anderer. Das wird einem nicht jedes Mal bewusst, aber wer jemals in einem Fluss geschwommen ist, wer jemals das Ufer verlassen hat und in die strömende Elbe eingetaucht ist, der kann es spüren: Nach dem Bad fühlt man sich anders. Darum macht Flussschwimmen glücklich, und darum tut man es immer wieder. Und darum ist dieses Buch eine Anleitung zum Glück für jeden Elbschwimmer. Oder für jeden, der es gerne werden möchte. Das Schwimmen in der Elbe dient der Freude: Man muss es wollen, sich wünschen und das Verlangen danach spüren, sich im Gleichmaß des Flusses, in seinem steten Fließen zu bewegen, welches – anders als die Stille eines Sees oder das Tosen des Meeres – dem Rhythmus der menschlichen Seele entspricht.

Wasser ist Leben spendend und Leben verschlingend. Auf dieser Ambivalenz ist die menschliche Existenz begründet: Werden und Vergehen, Leben und Tod, Wachsen und Sterben. Beim Prediger Salomon heißt es: »Alle Wasser laufen ins Meer, doch wird das Meer nicht voller. An den Ort, da sie herfließen, fließen sie wieder hin.« Wasser schmeichelt, Fließen inspiriert, am Fluss zu sitzen und auf das stete Fließen des Wassers zu schauen wird niemals langweilig, das Fließen ist alleiniger Sinn, es ist.

Das Schwimmen in der Elbe folgt – streng genommen – auch keinem Sinn. Wie das Fließen ist das Schwimmen, das Sein im Fluss, einziger Sinn.

Flüsse sind Sinnbilder des Lebens. Ihre Quelle ist die Geburt, die Mündung der Übergang in eine andere Welt. Die Zeit verrinnt, die Jahre fließen dahin. Menschen suchen die Nähe und das Heil von Flüssen. Überall auf der Welt. An allen Flüssen. Und darum baden Menschen auch in der Elbe.

Seit wann tun sie das? Wann wurde das Elbbaden institutionalisiert, also wann entstanden die berühmten Elbbadeanstalten? Wieso verschwanden sie und mit ihnen auch viele der schönen Elbstrände? Wie ging nach dem Zweiten Weltkrieg eine ausgeprägte Badekultur verloren? Warum schwimmen seit Jahrzehnten nur Individualisten in der Elbe? Und wo sind die Elbschwimmer heute, da die Elbe doch wieder sauber ist?

Die Elbe bei Hamburg ist tatsächlich so sauber, dass man wieder in ihr schwimmen kann – sie hat Badewasserqualität, ist aber nicht als Badegewässer ausgeschrieben. Die Elbe ist im Stadtgebiet von Hamburg, bis nach Wedel, Hafengebiet. Im Hafen ist es grundsätzlich verboten zu schwimmen. Aber dort, wo die Elbe ausgetonnt ist, gibt es bei aufgelaufenem Wasser breite Flussabschnitte außerhalb der Fahrrinne, in denen es wiederum nicht verboten ist zu schwimmen, aber auch nicht ausdrücklich erlaubt. Elbschwimmer bewegen sich sozusagen in einem gesetzesfreien Flussraum. Zwischen den Schiffen, also in der Fahrrinne zu schwimmen, ist allerdings lebensgefährlich! Und auch ufernah gibt es je nach Tide und Uferform starke, überraschende Strömungen, die nicht nur weniger guten Schwimmern gefährlich werden können. Sog und Schwell der Schiffe kommen schneller und mit mehr Kraft, als man denkt.

Deshalb sei an dieser Stelle ernsthaft gewarnt: Die Elbe ist kein See und auch kein Swimmingpool. Sie ist ein großer starker Fluss mit Ebbe und Flut, ein Schifffahrtsweg mit tiefer Fahrrinne. Sie ist die Ausfahrt einer Schiffsautobahn, sie ist Hafengebiet.

Man muss die Elbe ernst nehmen. Sie kann lebensgefährlich sein. Auch für gute Schwimmer. Deshalb ist Respekt ihr gegenüber und Achtsamkeit beim Schwimmen oberstes Gebot. Wer sich selbst überschätzt, missachtet auch die Natur.

Dieses Buch erinnert mit etwas Wehmut an alte Zeiten, als das Schwimmen in der Hamburger Elbe noch selbstverständlich war. Es stellt heutige Elbschwimmer vor, die die wunderbare Badetradition fortsetzen und zu leidenschaftlichen Verfechtern dieses Genusses geworden sind. Das Buch wagt auch zu träumen: Sieben Architekten offenbaren, wie sie sich im 21. Jahrhundert eine Elbbadeanstalt, eine Badestelle oder einen Strand an der Elbe vorstellen könnten. Und ich möchte das Glück des Elbschwimmens teilen, indem ich ein Jahr lang ein Elbtagebuch geführt habe. Wer jemals unter einer wie vergessen liegenden Mondsichel in den morgendlichen Dunst der Elbe getaucht ist, während sich die ersten Sonnenstrahlen ihren Weg zwischen Containern und Kränen bahnen, der weiß, dass einem die Elbtöchter wohlgesonnen sind.

Hella Kemper • Mein Elbtagebuch

Irgendwann habe ich es in Bielefeld nicht mehr ausgehalten. Weil kein Wasser durch die Stadt fließt. Vor vielen Jahren haben die Bielefelder ihren einzigen kleinen Fluss – die Lutter – unter die Erde gebracht, verbuddelt, vergraben, Asphalt drüber, Beton drauf. Ich begab mich auf die Suche nach Wasser und fand einen Baggersee, der eine halbe Autostunde entfernt, nahe Detmold, inmitten eines ungepflegten Wäldchens lag und wie eine perlmuttfarbene Muschel schillerte. Es war strengstens verboten, dort zu baden. Zwischen Kiefern schlich ich mich ans Ufer, versteckte die Kleider unter Flieder und glitt lautlos ins Wasser. In diesem Baggersee überlebte ich die trockenen Bielefelder Jahre. Eines Tages aber brach ich auf zu Ufern, die nicht der Bagger, sondern ein stetes Fließen geschaffen hatte. Als ich die Hamburger Elbbrücken vor ein paar Jahren überquerte und nach Hamburg einfuhr, wusste ich, ich war angekommen: zu Hause am Fluss.

Sicherheit

Zum Elbe-Badetag wurden u. a. folgende Grundregeln für das Schwimmen in der Elbe veröffentlicht:

- Erkundigen Sie sich über mögliche Gefahren wie Wassertiefe, Brücken und Schiffsverkehr

- Schwimmen Sie nur, wenn Sie sich fit fühlen

- Gehen Sie stets vorsichtig ins Wasser

- Meiden Sie bewachsene und steinige Uferzonen

- Legen Sie schon vor dem Gang ins Wasser fest, wo Sie das Wasser wieder verlassen wollen

- Vorsicht bei Brückenpfeilern

- Halten Sie Abstand zu Häfen, Wehren, Schleusen, Industrieanlagen, Schiffen und Fahrrinnen

- Achten Sie auf Treibgut und Unterwasserhindernisse

- Die Gezeiten verstärken die Strömungen erheblich

- Aufblasbare Wassertiere etc. sind keine Schwimmhilfen, sie haben auf dem Fluss nichts zu suchen

- Trinken Sie keinen Alkohol vorm Schwimmen

Elbtagebuch – 1. Mai

Wenn es im Mai grünt, suche ich die Nähe der Elbe, da wo der Alte Schwede liegt, ein tonnenschwerer Stein, den die Eiszeit aus Skandinavien gen Süden geschoben hat, dort in Oevelgönne und weiter in Richtung Teufelsbrück suche ich die Elbe, wenn sie frühmorgens noch still auf- und abfließt, ihre Strände unberührt erwachen. Aber noch zögere ich. Noch bedeutet es eine große Überwindung, in den Fluss zu gehen. Mächtige Containerschiffe ziehen derweil vorbei, flussabwärts nach Cuxhaven, wo die Elbe in die Nordsee mündet, wo sie es geschafft hat nach 1165 Kilometern.

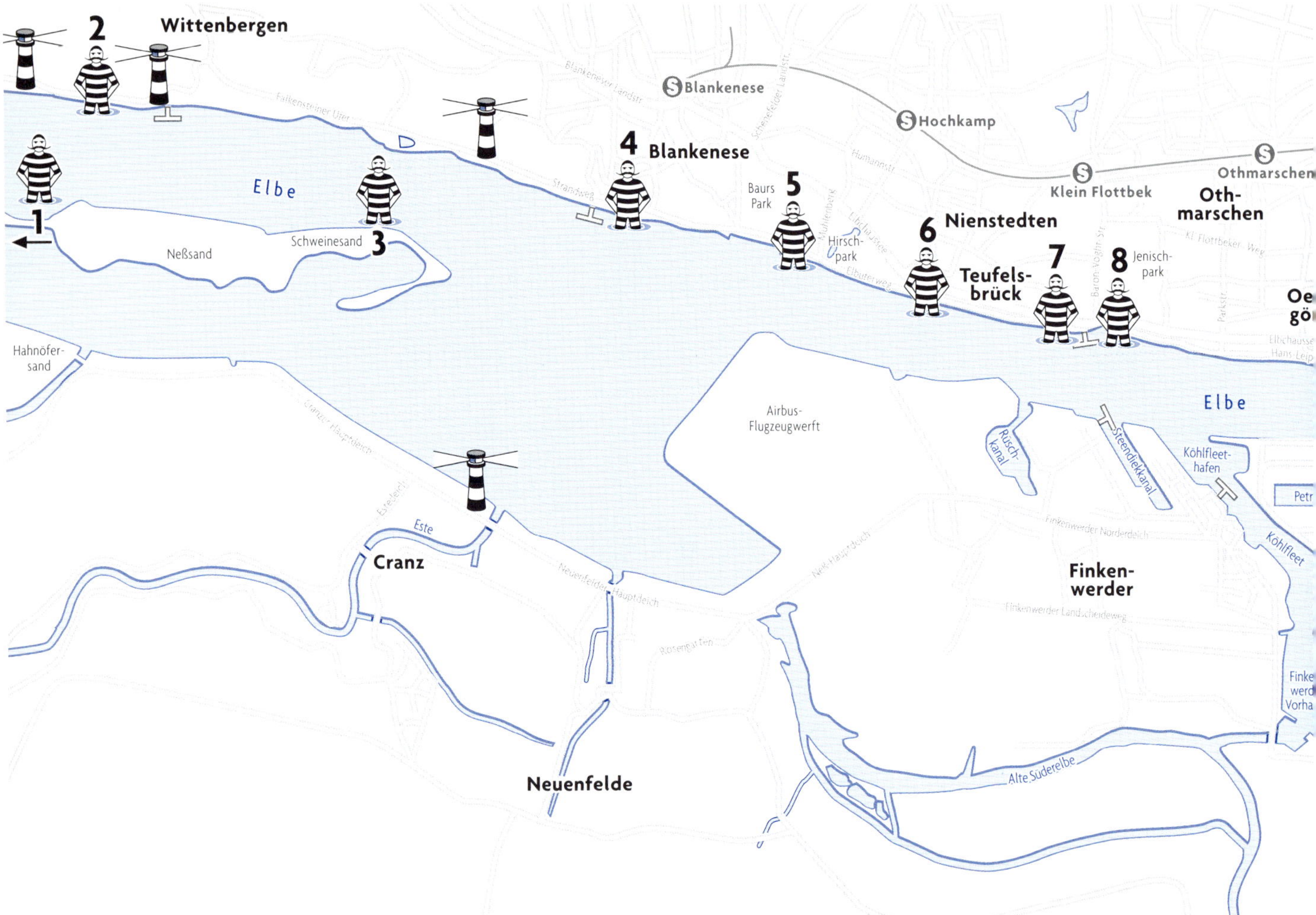

Strandbad Hamburg gestern

Das Ufer der Elbe verändert sich im Lauf der Jahrhunderte – durch menschliche Eingriffe und die Kraft von Ebbe und Flut. Wer sich erinnert, wo früher gebadet wurde, entdeckt Uferplätze, die auch heute zu einem Elbbad einladen.

Historische Strandbäder

- **1** Meiers Sand
- **2** Strandbad Wittenbergen
- **3** Schweinesand
- **4** Badeschiff Blankenese
- **5** Badestelle Baurs Park
- **6** Jacobs-Treppe
- **7** Strand Teufelsbrück
- **8** Mole Teufelsbrück
- **9** Badeanstalt Oevelgönne
- **10** Badestelle bei der Wirtschaft „Zum Bäcker"
- **11** Badekarren Neumühlen
- **12** Wientapper Badeanstalt Landungsbrücken Neumühlen
- **13** Kinderspiel- und Badeplatz Maakenwerder, Köhlbrand
- **14** Wilhelminenbad Steinwerder
- **15** Peel'sche Damenbadeanstalt
- **16** Badeanstalt Kleiner Grasbrook, Veddeler Ufer
- **17** Badestelle nahe der Eisenbahnbrücke
- **18** Freibad Kaltehofe
- **19** Badestelle am Finkenrieder Hauptdeich

Leuchtturm

Anlegestelle

0 0,5 1,0 km

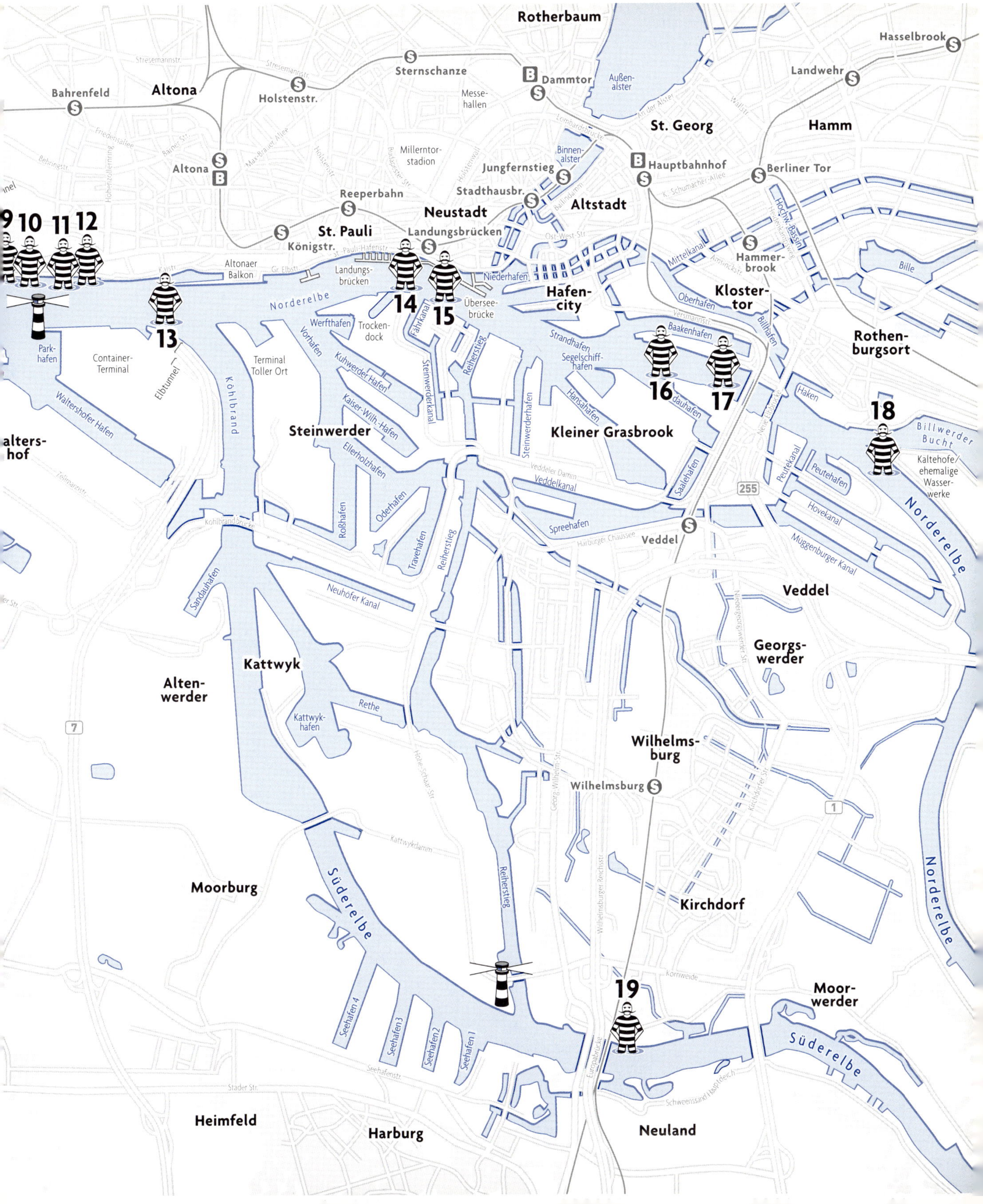

Rotherbaum
Hasselbrook
Landwehr
Sternschanze
Dammtor
Außen-alster
Bahrenfeld
Altona
Holstenstr.
Messe-hallen
St. Georg
Hamm
Millerntor-stadion
Binnen-alster
Altona
Jungfernstieg
Hauptbahnhof
Berliner Tor
Reeperbahn
Stadthausbr.
Neustadt
Altstadt
St. Pauli
Landungsbrücken
Königstr.
Hammer-brook
9
10
11
12
Altonaer Balkon
Landungs-brücken
Niederhafen
Hafen-city
Kloster-tor
Bille
Norderelbe
14
15
Übersee-brücke
Oberhafen
Park-hafen
13
Werfthafen
Trocken-dock
Baakenhafen
Rothen-burgsort
Container-Terminal
Terminal Toller Ort
Strandhafen
Segelschiff-hafen
16
17
Haken
18
Billwerder Bucht
Kaltehofe/ ehemalige Wasser-werke
Elbtunnel
Köhlbrand
Steinwerder
Kleiner Grasbrook
alters-hof
Waltershofer Hafen
Vorhafen
Kuhwerder Hafen
Kaiser-Wilh.-Hafen
Ellerholzhafen
Steinwerderkanal
Reiherstieg
Steinwerderhafen
Hansahafen
Saalehafen
Veddelkanal
Peutekanal
Peutehafen
Norderelbe
Roßhafen
Oderhafen
Travehafen
Spreehafen
Veddel
Hovekanal
Muggenburger Kanal
Sandauhafen
Neuhöfer Kanal
Veddel
255
Kattwyk
Georgs-werder
Alten-werder
Rethe
Kattwyk-hafen
7
Wilhelms-burg
Wilhelmsburg
1
Moorburg
Reiherstieg
Süderelbe
Kirchdorf
Norderelbe
19
Moor-werder
Seehafen 4
Seehafen 3
Seehafen 2
Seehafen 1
Süderelbe
Heimfeld
Harburg
Neuland

Die Strandkorbidylle von Oevelgönne malte Erich Hartmann 1925

EHartmann.

Wie das Flussschwimmen aufkam

1760 entstand in Paris an der Seine die erste Flussbadeanstalt Europas, 1777 gründete sich bei Mannheim am Rhein die erste große deutsche Badeanstalt, 1781 an der Donau von Wien, 1783 an der Oder bei Breslau. In Hamburg hat es in den Hochzeiten der Flussbadekultur, Ende des 19. Jahrhunderts, an Alster, Bille und Elbe bis zu 14 Badeanstalten gegeben. Gar ein Vorreiter deutscher Flussbadeanstalten war das von Johannes August Arend entworfene Badeschiff auf der Hamburger Binnenalster – ein Floß mit zwölf Badekammern. Damit begann die Geschichte der Hamburger Badeanstalten.

1792 konnten Hamburger Bürger Aktien im Wert von 20 Mark für das Badeschiff zeichnen, 1793 wurde die schwimmende Badeanstalt in Form eines Hauses auf einem Floß eröffnet und nahe dem Jungfernstieg verankert. Wer baden wollte, ließ sich mit einem Boot übersetzen. Das Badeschiff war 80 Fuß lang und 40 Fuß breit. In der Mitte befand sich ein Gang, an dem zu beiden Seiten je sechs Kammern lagen, in denen sich die Badenden aus- und anzogen. Von den Kammern führte dann eine Treppe in die Badekästen, die aus Latten gebaut im Wasser hingen und durch die das Wasser mittels seitlich angebrachter Löcher strömte – die Badegäste schwammen also weniger, als dass sie wie in einem Natur-Whirlpool badeten.

Etwas weiter östlich entstand 1888 auf Anregung der Patriotischen Gesellschaft (eine 1765 gegründete hamburgische Gesellschaft zur Beförderung der Künste und nützlichen Gewerbe, die Mittelpunkt der Hamburger Reformbestrebungen wurde) die von dem Architekten Georg Thielen entworfene Badeanstalt *Alsterlust*, ein Lokal mit Badeanstalt, das bis 1940 existierte und auf 900 Pfählen in der Alster stand. Dieser Vergnügungstempel, der in vielem an den überbordenden Luxus römischer Bäder erinnerte, war vom Lombardswall aus durch eine geschwungene Steganlage, von der Alster aus durch Dampfboote zugänglich, die an der breiten Terrasse vor dem Restaurant anlegten. Rechts und links des Durchgangs lagen, getrennt für Herren und Damen, zwei Schwimmbassins, deren Wasser durch Wellenräder bewegt wurde. Eine weitere Badeanstalt entstand auf der Außenalster gegenüber dem

Mundsburger Damm, die spätere Badeanstalt Schwanenwik. Außerdem gab es seit 1859 die private Lony'sche Badeanstalt nahe der Fernsicht zwischen Winterhude und Harvestehude.

Mit der Urbanisierung Mitte des 19. Jahrhunderts setzte sich in Europa das öffentliche Bad durch. Die wachsende Enge in den Städten forcierte Epidemien und Seuchen und erzwang mehr Reinlichkeit, eine bessere Kanalisation sowie Duschen und Bäder. Die Bewegung der Schwimmbäder hatte in England eingesetzt, wo durch die Cholera der Sinn für Reinlichkeit und Hygiene gestiegen war. 1842 war in Liverpool die erste Wasch- und Badeanstalt für weniger Bemittelte entstanden, in Deutschland 1855 die – ebenfalls von der Patriotischen Gesellschaft angeregte – älteste deutsche Warmbadeanstalt am Schweinemarkt nahe dem heutigen Hamburger Hauptbahnhof. Sie bestand aus einer kreisförmigen Anlage mit einem hohen Schornstein im Waschhaus, ringförmig angelegten Zellen mit Wannenbädern, aber ohne Schwimmbad oder Dampfbäder und Sauna. Die Reinigung stand im Mittelpunkt, nicht das Ritual oder der Genuss des Bades.

Die Badekultur hat eine jahrtausendealte Tradition. Schon die Römer waren begeisterte Anhänger des Bades – niemals zuvor und niemals danach erlebte das Bad einen so breiten und begeisterten Zuspruch wie im Römischen Reich: Es stand für Fitness, Gesundheit, gesellschaftliche Kontakte und Unterhaltung, gemäß dem Aphorismus des römischen Dichters Juvenal – »mens sana in corpore sano« (ein gesunder Geist in einem gesunden Körper).

Elbtagebuch – 3. Mai

Es ist warm für Anfang Mai. Die Elbe lockt mich mit ihrem Meeresversprechen, ihrem Duft, ihrer Weite. Vor ein paar Jahren, als ich das erste Mal in die Elbe stieg, musste ich mich erst an sie gewöhnen. Das ist ein langwieriger Prozess und jedes Jahr ein neuer Versuch. Nie ist das Verhältnis zu einem Fluss dasselbe. Wer jemals glaubt, er wisse nun, was oder gar wer die Elbe sei, der täuscht nicht nur sich, sondern auch den Fluss. Schwimmend begegne ich dem Fluss jeden Tag aufs Neue, wie einem Freund. Mal ist das Wasser warm und weich, dann streichelt der Fluss mich, aber schon am nächsten Tag, nach einem heftigen Regen, kann er mit ablehnender Kühle Muskeln und Willen lähmen, mich herausfordern. Der Rhein beispielsweise, den ich aus Kölner Tagen kenne, kann wirbelig aufbrausen, strudelig tosen, die Elbe dagegen zickt an manchen Tagen widerspenstig wie eine prätentiöse Diva. Für alle Flüsse gilt: Gegen sie und gegen ihre Strömung geht gar nichts.

Im Jahr 33 v. Chr. baute der römische Feldherr und Staatsmann Agrippa den Julia-Aquädukt in Rom und ließ öffentliche Badehäuser mit Massageräumen einrichten. Die monumentalen Bäder der Römer wurden regelrechte Kultstätten.

Auch die Griechen schätzten Reinlichkeit; Baden war für sie kein Luxus: Sie badeten nach körperlicher Arbeit und vor intellektuellen Diskussionen – für sie hatte Wasser eine therapeutische Funktion. Sie bauten bereits im 5. Jahrhundert v. Chr. komfortable Badehäuser. Die Finnen entwickelten eine spirituelle wie gesellschaftliche Badetradition; die Japaner zelebrierten das Tao der Natur in Freiluftbädern; die Muslime kultivierten das entspannte und entspannende Bad im Hamam. Von der Wertschätzung, die das Bad in diesen Kulturen erfuhr, hielten die frühen Christen überhaupt nichts – für sie waren öffentliche Badehäuser unmoralisch und überflüssig. Schmutz galt als Zeichen von Heiligkeit, der Verzicht auf das Waschen als Akt der Selbstentsagung.

Badeanstalten generell und Flussbadeanstalten im Besonderen haben in Hamburg eine lange, im europäischen Vergleich jedoch keine herausragende Bedeutung; sie befanden sich seit dem 18. Jahrhundert an vielen Uferstellen der Elbe und wurden in sonnenreichen Jahren von mehreren hunderttausend Menschen besucht:Kaltehofe, auf dem Köhlbrand, der Veddel, am Grasbrook, Steinwerder, in Neumühlen, Nienstedten, Blankenese, Wittenbergen oder Hahnöfersand; außerdem gab es viele beliebte freie Badestrände entlang der Norder- und Süderelbe.

Doch fast überall, wo früher einmal in Hamburg in der Elbe gebadet wurde, wo der Weg vom Land in den Fluss problemlos möglich gewesen ist, verhindern heute bebaute Uferböschungen aus Beton und Steinen den unmittelbaren Zugang zum Wasser. Die Stadt begann in den 1950er Jahren, die Ufer zu befestigen: Der Schiffsverkehr und damit der Schwell hatten zugenommen, die Fahrrinne wurde tiefer, die Schiffe größer und schneller, die Wellen extremer. Das Ufer musste den neuen Belastungen standhalten; also wurde das Land vor der Kraft des Wassers dort mit Aufschüttungen geschützt, wo vorher Sand gereicht hatte.

Von Geesthacht bis Oevelgönne ist es an den nördlichen wie südlichen Ufern schwer geworden, ins Wasser zu kommen. Fast überall säumen nun Steine aus Schlacke die Ufer. Von der Bunthäuser Spitze, dort, wo sich Norder-

und Süderelbe teilen, bis in den Westen Hamburgs gibt es kaum Uferstellen, um vom Land ins Wasser oder aus dem Fluss zurück ans Ufer zu gelangen – zu unwegsam ist das Gelände. Erst in Oevelgönne wieder ist das erste Stück Strand, das den Zugang zum Ufer und umgekehrt zum Wasser gefahrlos ermöglicht.

Der Zweite Weltkrieg und seine verheerenden Folgen haben die Menschen und ihre Einstellung zur Elbe entscheidend geprägt. Hamburg war bedeutender Standort der deutschen Rüstungsproduktion und wurde deshalb seit 1940 von britischen und amerikanischen Bomben- und Kampfflugzeugen angegriffen. Im ersten Kriegsjahr, also bis 1940, schwammen die Hamburger noch in der Elbe – so wie vor dem Krieg. Einige am Nordufer, viele am Südufer, drüben in Cranz oder auf einer der Elbinseln, dort, wo das Wasser als sauberer galt und die Strömung als weniger stark. Während der Kriegsjahre wurde es dann zu gefährlich, sich an der Elbe aufzuhalten, fern der Bunker, in die die Menschen bei Tieffliegeralarm flüchten mussten. Das unbeschwerte (Bade-)Leben war vorbei. Die Kinder durften nicht mehr an der Elbe spielen, sondern mussten in den näher gelegenen Parks oder nahe den Wohnungen bleiben.

Die größten Zerstörungen richtete die »Operation Gomorrha« zwischen dem 25. Juli und dem 3. August 1943 an, durch die 30 000 Menschen starben. 1944 wurden die Raffinerien der Mineralölindustrie in Harburg-Wilhelmsburg angegriffen und von Januar bis April 1945 weitere Hafen- und Industrieanlagen in Harburg. Bei Kriegsende waren weite Teile Hamburgs zerstört,

Heute tauche ich nur kurz ein, benetze mich mehr, als dass ich schwimme. Fast fürchte ich sie noch, die Elbe. Fast habe ich Angst, mich vor ihrer ablehnenden Kühle zu erschrecken. Also tauche ich nach langem Zögern nur kurz ein und wende mich rasch wieder dem Ufer zu.

Elbtagebuch – 10. Mai

Ich bade in der Elbe: Es kostet mich viel Überwindung, aber dann ist es das pure Glück. Der Fluss ist eiskalt und zugleich die Erlösung vom Winter. Es ist, als streife das kühle Wasser die winterlichen Schuppen von der Haut, als öffne es die Poren für die Sonne, die nun kommen mag. Das Grau beginnt sich zu lösen, von der Haut und von der Seele. Ich atme den Frühling.

Frauen und Mädchen trugen um 1900 am Strand von Wittenbergen züchtige, weitgeschnittene Badeanzüge. Männer und Jungen schwammen in Badehosen

auch Fabriken, Werften und das über 900 Kilometer lange Sielsystem. Zeitzeugen berichten, dass die Abwässer der Stadt ungeklärt in die Elbe gingen, in der sichtbar braune Brocken schwammen und die schlecht roch. Blankeneser erinnern sich, dass Kinder, die nach dem Krieg trotz eines Badeverbots in der Elbe gebadet hatten, krank wurden und es sogar Todesfälle gegeben hat. Auch die Zeitungen warnten davor, in der durch Abwasser und andere unkontrollierte Einleitungen verschmutzten Elbe zu schwimmen. Bis weit in die 1950er Jahre dauerte es, bis Hamburg wieder eine funktionierende Infrastruktur hatte – erst um 1960 galt der Hamburger Hafen nach den Zerstörungen im Zweiten Weltkrieg als wieder aufgebaut. 1961 war das erste Großklärwerk der Stadt, Köhlbrandhöft, fertig, 1965 das zweite im Stellinger Moor. Vorher hatte es nur kleinere Anlagen ohne biologische Klärung gegeben.

Die braune, fäkalienverseuchte Elbe der letzten Kriegs- und der Nachkriegsjahre hat sich bei vielen Hamburgern eingeprägt. Die Elbe galt als schmutzig, eklig, krank machend oder gar todbringend, Blindgänger und Minen lagen außerdem auf dem Flussgrund und machten Angst. Gleich nach Kriegsende saßen zwar schon wieder Frauen in Unterröcken am Strand, während die Kinder am Strand spielten, erzählen Blankeneserinnen, aber niemand badete mehr in der Elbe. Erst Mitte und Ende der 1950er Jahre begannen die ersten wieder damit, mit Booten hinüber zu den Inseln oder nach Hahnöfersand zu fahren, um dort zu baden. Kinder und Jugendliche badeten auch am Nordufer, erinnern sich aber heute, dass sie schmutziger aus dem Wasser stiegen, als sie hineingegangen waren.

Dann wurde Deutschland mobil: Immer mehr Familien besaßen ein Auto

Elbtagebuch – 11. Mai

Ich habe aufgehört, davon zu erzählen. Wann immer ich erkläre, ich käme gerade aus (nicht von!) der Elbe, schauen die Leute mich an, als sei ich der »Meerwolf« der Hamburger Elbvororte. Inzwischen unterscheide ich drei Arten von Zuhörern: die Hanseatisch-Höflichen, die Vorwurfsvoll-Neidischen und die Ängstlich-Besorgten. Die ersten wahren die Contenance und erzählen – falls sie älteren Jahrgangs sind – von früher, als es in Hamburg noch Badeanstalten am Flussufer gab und die Städter in die Sommerfrische nach Blankenese fuhren. Die zweite Gruppe schlägt sich mit Inbrunst auf die Seite der Gesetzestreuen: Das ist doch Hafengebiet! Das ist verboten! Wenn das jeder machen würde! Neiden sie mir mein überaus sinnliches Vergnügen? Das Gros der Zuhörer gehört der dritten Gruppe an: das Reaktions-

und fuhren in den Ferien ans Meer oder gen Süden. Endlich wieder reisen! Zu Hause an der Elbe wollte niemand mehr Urlaub machen – im Wirtschaftswunderland boomte der Tourismus.

Die Kultur des Elbbadens geriet in Vergessenheit. Mit dem Wiederaufbau der Stadt kehrte das Badeleben nicht zurück – die Elbe galt als schmutzig und wurde in Hamburg zunehmend als Hafen wahrgenommen. Die Elbe gehörte den großen Schiffen und dem Handel. Auch in baulicher Hinsicht wandte sich Hamburg der Elbe nicht zu: Neumühlen blieb bis ins neue Jahrtausend am Ufer unbebaut, die Hafenstraße verkam, die Speicherstadt wurde stiefmütterlich behandelt, das Südufer als Industrie- und Hafenfläche besetzt. An der Alster zu leben galt als schick, die Elbe aber war vor allem Hafen – sofern man nicht in Blankenese wohnte.

Als Erlebnis- und Freizeitraum eroberten sich die Hamburger ihre Elbe teilweise zurück: Schwimmen blieb tabu, Spaziergänger jedoch bevölkerten an den Wochenenden wieder die Ufer, und Segler verbrachten wieder ihre Freizeit auf der Elbe.

Mit dem Wiederaufbau der kriegszerstörten Stadt hätte sich die Wasserqualität in den 1950er, spätestens in den 1960er Jahren wieder verbessern können, wenngleich die Bestimmungen zum Schutz der Flüsse und der Umwelt längst nicht so streng gewesen sind wie heute. In den späten 1950er und frühen 1960er Jahren veränderte sich das Umwelt- und Gesundheitsbewusstsein der Deutschen: Die Angst vor Infektionskrankheiten nahm ab, die vor Zivilisationskrankheiten wie Krebs nahm zu. Die Umwelt wurde als gefährdet wahrgenommen, ihre Verschmutzung sichtbar (z. B. durch den Schaum neuer

spektrum der Ängstlich-Besorgten ist inzwischen leicht berechenbar. Fast spüre ich eine zarte Enttäuschung, wenn der erwartete Reflex einmal nicht oder verzögert eintritt. Denn kaum bringen sie Elbe und Schwimmen in einen wie auch immer gearteten Zusammenhang, blicken sie mir besorgt ins gebräunte Gesicht und auf die Haut. Kein Ekzem?! Kein Ausschlag?! Keine Schnittwunden?! Kein Durchfall?! Waaas? Du schluckst manchmal sogar das Wasser? Das ist doch bestimmt gaaaanz eklig. Ist es nicht, es schmeckt nach fast nichts, es riecht auch nicht, sondern duftet, je nach Witterung, Tageszeit und Tide. Mal meerig wie die Nordsee, mal wie eine Mischung aus Schlick und Tang, ein andermal wie lang erwartete Sommerferien.

Fischer, Schweine, Frauen und Kinder am Strand von Blankenese – auf einem Gemälde, das Peter Suhr 1827 malte. Bei den Booten tollen Kinder im Wasser

Schwimmfest des Sanitäts-Schwimmvereins Hamburg (um 1885): Während die Schwimmer auf den Start beim Grasbrooker Jubiläumsschwimmen warten, stehen die Kampfrichter im Boot schon bereit

4
3
5
4
3.
1

Warnung!
mmer dürfen nur vom Strande aus und nicht
is zur Brusttiefe ins Wasser gehen!

Badespaß um 1890 auf Steinwerder: Nur Männer und Jungen wurden in diese öffentliche Flussbadeanstalt eingelassen

Die Flussbadeanstalt auf der Veddel um 1890

Der weitläufige Kinderspielplatz beim Köhlbrand war zugleich auch beliebtes Strandbad – die Jüngsten planschten in den Prielen, die sich bei Ebbe bildeten

war sehr beliebt: 1889, im Jahr mit dem wärmsten Mai seit drei Jahrhunderten, kamen insgesamt 320 000 Badegäste. Ein Rekordjahr.

Der Kinderspiel- und Badeplatz Köhlbrand lag am westlichen Ufer der Köhlbrandmündung, er war von Ende Mai bis Mitte August geöffnet. Vom St.-Pauli-Markt und von den St.-Pauli-Landungsbrücken war er mit Fähr-
13 dampfern in wenigen Minuten zu erreichen. Kinder zahlten für die Fährfahrt 10 Pfennig.

Der Strand war 800 Meter lang und hatte eine etwa 40 000 Quadratmeter große Sandfläche, die sich in einen öffentlichen und einen im Norden gelegenen geschlossenen Platz unterteilte, der von der Ferienkolonie Köhlbrand verwaltet wurde; die Wasseraufsicht hatten geschulte Kräfte der Polizeibehörde.

Bis zu 5000 Kinder so genannter unbemittelter Kreise fanden dort Aufenthalt für mehrere Wochen und wurden von freiwilligen Helfern betreut. Auf dem öffentlichen Platz gab es außer den Betriebsräumen noch zwei 150 Meter lange Schutzhallen und einen Erfrischungsraum. Die Benutzung des Platzes war unentgeltlich. Der Besuch schwankte an heißen Tagen zwischen 10 000 und 15 000 Gästen.

Die Kinder bauten in dem tiefen Sand Burgen, viele von ihnen kamen mit kleinen Schippen und Eimerchen zum Strand. Die Elbe war mit einem Holzzaun abgesperrt, gebadet wurde bei Flut, wenn das Wasser diesen Zaun überspülte, aber immerhin noch eine Begrenzung bildete. Kleinere Kinder badeten bei niedrigem Wasserstand in den Prielen, die sich bei Flut mit Wasser

beinahe auf den Rücken zwangen, um Luft und nicht Wasser einzuatmen. Die weitaus größere Gefahr als das sich Verschlucken kommt aber von weit her. Erkennt man sie, ist es fast schon zu spät: die großen Containerschiffe. Kein Kapitän würde mich sehen, bremsen geht auch nicht, ausweichen ebenso wenig, und so nähme das Schicksal seinen fatalen, finalen Lauf. Um es kurz zu machen: Ich fand an der Seite des Faltbootes, das wie ein Wal im Wasser lag, zu meinem Rhythmus, ich erreichte das jenseitige Ufer, ich entstieg einer Nixe gleich dem Wasser und betrat als Siegerin den menschenleeren Strand. Ich fühlte mich im größten Glück auf Erden, als der Wächter dieses Paradieses, das ein Naturschutzgebiet ist, auf mich zukam, den Vorwurf schon im strengen Blick: Verboten, verboten, verboten! Der Strenge ließ mich ziehen. Aber aus der Siegerin war eine Sünderin geworden.
Seither nennt mich ein Freund die Esther Williams der Elbvororte. Esther Williams war, wie jeder weiß, eine amerikanische Rekordschwimmerin, die in den 1940er Jah-

gefüllt hatten – dann war der Sandstrand, der zum Fluss hin kaum abfiel, sehr breit, an manchen Stellen bis zu vierzig, fünfzig Meter. Zum Land hin ging er in einen begrünten Streifen über, hinter dem das Ufer höher wurde und eine Art Deich bildete. Bei Flut schwappte die Elbe oft bis an diesen Grünstreifen, auf dem sich die Badegäste gern auf ihren Decken niederließen. Auf der Elbe ankerten kleine Schiffe und Boote. Am gegenüberliegenden Ufer sah man auf Kräne und Schornsteine – das Leben einer Hafenstadt.

Dass auch Frauen mit Genuss und zum Vorteil der Gesundheit schwimmen und baden können, dieses Wissen setzte sich in Deutschland nur langsam durch. Auf der Elbe entstand 1865 vor dem Fährkanal die Peel'sche 15
Damenbadeanstalt. 1889 wurde sie im Dezember vom Fährkanal an den Grevendamm geschleppt, weil an der bisherigen Stelle ein Schwimmdock liegen sollte. Diese Badeanstalt wurde an ihrem neuen Platz vergrößert, auch vom Land aus zugänglich gemacht und 1891 dann wiedereröffnet.

Vor allem bürgerliche und kirchliche Moralvorstellungen hinderten Frauen daran, in der Öffentlichkeit zu baden. Es schickte sich nicht, sich sommerlich gekleidet und sichtbar für jedermann am Strand aufzuhalten und in der Elbe 11
zu schwimmen. Von 1892 an kamen deshalb in Hamburg Badekarren auf; alte Fotos zeigen am bewaldeten Ufer von Neumühlen in Reih und Glied über ein halbes Dutzend solcher Karren. Die Idee der Badekarren war von Besuchern der Seebäder an Nord- und Ostsee in die Elbvororte gebracht worden. An der Küste wurden die Badekutschen von Pferden gezogen, in Neumühlen betra-

ren als Schauspielerin und badende Venus in Revuefilmen wie »Neptuns Tochter« auftrat. Ich sah niemals einen ihrer Filme, aber der Name schwebte wie eine Zirruswolke durch die Wasserträume meiner Kindheit. Auch Cornelia Ender. Und Mark Spitz. Die schwimmenden Stars der 1970er. Ihnen eiferte ich nach, trainierte täglich im ockergefliesten, städtischen Hallenbad, wo mein kleiner Bruder später als Schwimmmeister am Beckenrand das Sagen hatte, scheiterte aber viermal hintereinander bei den Kreismeisterschaften über die 100-Meter-Distanz im Brustschwimmen und endete so in der Unterelbe.

Elbtagebuch – 26. Mai

Später habe ich den Rhein und immer wieder die schmale gestaute Mosel gequert; die Mosel ist Erfrischung an einem heißen Sommerabend nach getaner Arbeit im Weinberg, in ihr badet man und erquickt sich. Morgens querte ich sie manches Mal,

Strenge Sitten am Strand von Neumühlen: Damit Frauen nicht unter den (männlichen) Blicken der Spaziergänger ins Wasser gehen mussten, kamen Badekarren in Mode, in denen sie sich umkleideten und von denen aus sie in den Fluss stiegen

Die Zeichnung von Paul Kayser, einem Künstler, der zu dem Kreis des Hamburgischen Künstlerclubs um Alfred Lichtwark gehörte, zeigt rollbare Badekabinen, die in den 1920er Jahren am Strand standen

um Brötchen und Milch fürs Frühstück zu holen, bevor es wieder an die Weinstöcke ging. Der Rhein ist da ein ganz anderes Kaliber, er ist stürmisch und wild – ihn zu queren ist ein aufregendes Abenteuer, das man vielleicht nur einmal in seinem Leben wagt. Ich bin oft im Rhein geschwommen, an vielen Stellen ist die Strömung selbst im Kehrwasser so stark, dass man im Bruststil keinen Meter weiterkommt. Nur in seinen kleinen Buchten kann man mal Strecke machen. Als ich ihn querte, trieb mich die Strömung fast zwei Kilometer weiter flussabwärts, manchmal hatte ich für Momente keine Kontrolle mehr über meinen Körper – das ist ein beängstigendes Gefühl, ich mag es nicht, ich fürchte es.

Bei der Elbe ist das alles anders. Die Elbe zu durchschwimmen ist ebenfalls ein aufregender Angang, aber sie schreckt mich nicht so vehement wie Vater Rhein. Er ist autoritär, beinahe herrisch. Die Elbe ist wie die Donau eine Mama. Eigenwillig, aber warmherzig zugewandt. Sie lässt mich nicht im Stich. Sie lässt mich kämpfen, sie will, ten die Badenden die Kabinen über einen Steg. Steg und Kabine standen auf großen Rädern und ließen sich so – je nach Tide – am Strand höher oder tiefer bewegen. Die Badenden zogen sich in den kleinen Holzverschlägen um und stiegen, unter einem Verdeck verborgen, über Strickleitern ins Wasser. So konnten sie unbeobachtet und gewissermaßen in einem eigenen Bereich ins Wasser gehen. Das Elbbad geriet auf diese Weise zu einem keuschen und privaten Vergnügen. Zeitlich war der Badespaß begrenzt: Normalerweise wurde ein Badekarren für eine halbe Stunde vermietet, dann kam der nächste Gast dran – das entsprach der ärztlichen Empfehlung. »Drei bis vier mal kurz hintereinander eintauchen und dann an die Rückreise denken, da sonst die angenehme Glut, die man beim Aussteigen empfinden muß, in Schauer übergeht«, lautete der medizinische Rat.

Auch Hans Leip schreibt in seinem Roman *Jan Himp und die kleine Brise* über die Badekarren: »… es war zu Oevelgönne an der Elbe, wo man mit Flut und Ebbe zu rechnen hat und die Unterschiede des Wasserstandes bis drei Meter betragen können und die Bootsstege auf und nieder gezogen werden müssen wie früher die Badekarren oder aber wie der Möllersche Schwimmsteg sind.«

Albert Hinrichsen, der in Dockenhuden zur Schule ging, erinnert sich noch an die Badekarren der 1930er Jahre: »Unterhalb vom Mühlenberg ging eine Treppe vom Hirschpark zum Strand. Dort stand die Mutter Dunen mit ihren Badekabinen. Sie sahen aus wie ein großer Toilettenwagen mit zwei

dass ich sie und ihr jenseitiges Ufer erobere, aber niemals macht sie mir Lebensangst. Das macht mich froh und lässt mich hoffen, dass ich bald wieder versuchen werde, sie zu queren. Aber für ein solches Ereignis müssen viele Faktoren stimmen: Wetter und Gezeiten, Schiffsverkehr und eigene Fitness, meine Laune und die der Elbe.

Elbtagebuch – 12. Juni

In Blankenese schwimme ich heute in einer warmen, weichen Elbe. Sie streichelt mich. Und meint es gut mit mir. Ich schwimme eine Runde in der Bucht von Harmstorf. Erst auf das eine Stack zu, dann auf das andere und zurück ans Ufer. Das ist eine schöne Morgenrunde.

Blick vom Süllberg in Blankenese im Jahr 1898: In Sichtweite der Landungsbrücken lag stromaufwärts (in der Bildmitte) das Badeschiff von Johannes A. Breckwoldt. Die Lithografie ist nach einem Foto entstanden

Wagenrädern und Treppe. Hier konnten sich die Damen umkleiden.« (zitiert nach: *Badetag an der Elbe*, Hg. Ute Zeißler)

1877 war das Baden am offenen Strand zwischen Blankenese und Oevelgönne durch eine Polizeiverordnung verboten worden, nachdem zahlreiche Beschwerden beim Kirchspielvogt (dem von der Gemeinde beziehungsweise den Bürgern gewählten Vorsteher) eingegangen waren und sich Gäste, aber auch Einheimische mit Ufergrundstücken über die Badenden beklagt hatten. In einem Beschwerdeschreiben des Jahres 1887 von einem Herrn Behrmann heißt es: »Schon wiederholt habe ich bei den hiesigen Polizeieffizienten erfolglos Beschwerde darüber geführt, dass der Elbstrand unterhalb von Baurs Park entgegen dem bestehenden Verbot der königlichen Kirchspielvogtei von Gesellen und Lehrlingen wie auch von anderen Personen in den Morgenstunden der Sommermonate – häufig zwischen 6 und 7 Uhr – zum Baden benutzt wird … ein Passieren dieses doch öffentlichen Weges durch Damen ohne Verletzung des Schamhaftigkeitsgefühls ist zur Unmöglichkeit geworden.«

Die zuständige Aufsichtsbehörde in Schleswig hatte auf derlei Beschwerden immer ausgesprochen großzügig reagiert: Das Baden sei indes nicht nur für das körperliche Gedeihen, sondern auch in der Folge der Förderung des Sinns für Reinlichkeit und für die sittliche Entwicklung wichtig, und die Befriedigung des Badebedürfnisses müsse auch den Personen ermöglicht werden, welche für dasselbe keine Ausgaben machen können. Deshalb könnten nur außergewöhnliche Gründe das Badeverbot rechtfertigen.

Elbtagebuch – 14. Juni

Nach nur zwei Regentagen ist das Wasser spürbar kälter geworden. Die Kühle lähmt die Muskeln, die Elbe fordert mich heraus, sie will meine Kraft spüren. Soll sie. Ohne Wasser kann ich mir mein Leben nicht vorstellen. Ohne Wasser ist kein Leben vorstellbar.

– 19. Juni

Die Elbe vor Oevelgönne zickt, gibt sich eigensinnig, als wolle sie mich heute nicht zu nah an sich heranlassen, ihr Wasser fühlt sich hart und widerspenstig an, gegen die Strömung geht gar nichts. Manchmal fragen mich Menschen, ob ich auch im Meer oder im See schwimmen mag. Ja, ich fühle mich in jedem Wasser wohl. Im Meer kann man allerdings nicht so gut schwimmen, ein See liegt meistens brav und etwas langweilig da. Das ist zu viel Harmonie auf einmal. Nur dem Wesen des Flusses wohnt

eine ureigene Bewegung inne. Er bewegt sich und mich. Darum schwimme ich am liebsten in Flüssen.

Elbtagebuch – 20. Juni

Über Blankenese hängen schwere Wolken am Himmel, unter ihm schwimmt eine wilde, unruhige Elbe, fast unheimlich in ihrer düsteren Schwärze. Sie lässt mich spüren, dass sie Respekt will, dass sie kein gemütlicher Badesee ist, sondern eine immer neue Herausforderung.

– 21. Juni

Der Mond steht über Finkenwerder und entfacht auf den Schaumkronen der Wellen ein Feuer. Es sieht aus, als brenne das Wasser, als rolle mit jeder Welle eine schmale Feuerwalze auf den Strand zu. Mit jeder Begegnung komme ich der Elbe näher. Ich

Um die Jahrhundertwende: In hochgeschlossenen Kleidern und mit Stock und Hut geriet das Strandleben um 1900 unterhalb des Süllbergs von Blankenese eher steif und unsinnlich

Im Unterschied zur Aufsichtsbehörde klang der Bericht des Kirchspielvogts rigider: »Insbesondere ist darüber geklagt worden, dass des Abends von 6 Uhr an bis zum Dunkelwerden auch an Sonntagen eine große Anzahl von Fabrikarbeitern aus Ottensen sich zum Baden vom offenen Elbstrande aus in den hiesigen Distrikt begeben und während des Badens sich in dem Maße unanständig und roh benehmen, dass die Bewohner der unmittelbar an der Elbe gelegenen Gutsbesitzungen die weiblichen Mitglieder ihrer Familien sowie die Kinder nicht in ihren Gärten belassen, sondern in die Häuser verbleiben mussten. Die Badenden liefen stundenlang ganz nackt am Strande umher.« Immerhin konnte sich der Kirchspielvogt auf die Verordnung zum Nacktbadeverbot in der Elbe beziehen, in der es in Paragraph 1 heißt: »Das Baden am offenen Elbstrande in den Gemeinden Oevelgönne, Othmarschen, Klein Flottbek, Nienstedten und Dockenhuden wird hierdurch verfolgt.«

Die Aufsichtsbehörde in Schleswig und der Kirchspielvogt einigten sich schließlich darauf, dass das Baden »vom freien Elbstrand aus« verboten sei, gleichzeitig aber zusätzliche Badeschuppen eingerichtet werden sollten, außerdem vom Boot und den Elbinseln aus gebadet werden dürfe.

Als der Kirchspielvogt einen öffentlichen Badeplatz für Männer etwa in der Mitte des Blankeneser Strandwegs anweisen wollte, um das freie Baden unter Kontrolle zu bringen, löste das einen Kleinkrieg unter den Blankeneser Einwohnern aus. In einem Leserbrief hieß es jedoch: »Wer mit den Blankeneser Verhältnissen vertraut ist, wird wissen, dass nicht von Anwohnern die

beobachte sie, ich lerne, sie zu lesen. Ich lerne, ihre Stimmungen zu verstehen, ihre Farben, Wellen und Strömungen kennen und spüre, wann ihre zugewandte Verspieltheit in eine kraftvolle Ungeduld umzuschlagen droht. Der Tage, an denen mir die Elbtöchter wohlgesonnen sind, sind viele.

Elbtagebuch – 22. Juni

Oft schon habe ich die Mittsommernacht am Strand der Elbe verbracht. Am liebsten unter den alten Weiden, die müde ihre Arme über das Wasser beugen, dort in der Bucht zwischen Elbkate und Teufelsbrück, wo man nur mit dem Fahrrad hinkommt und nur wenige Feuer brennen. Hier habe ich meine Wünsche in den Strand geschrieben, die die Elbe weggewaschen hat, damit sie in Erfüllung gehen, hier bin ich mit Freundinnen über die runtergebrannte Glut gesprungen, und wir haben Mittsommer mit köstlichem Moselwein begossen. Der Weidenstrand ist ein Sehnsuchtsort. Weit

Süllberg

Rede sein kann, welche über das Baden ungehalten sind, sondern hier darf doch wohl nur von einem einzigen Anwohner gesprochen werden. Die Passanten, deren Anstandsgefühl, wie sie sich einbilden, durch das Baden verletzt werde, können doch nur dann mitreden, wenn sie es sich einfallen lassen, mittels eines Fernrohrs den Badeplatz zu betrachten.«

Es änderte sich zunächst trotz aller Beschwerden, Berichte und Verbote nicht viel an den Badegewohnheiten – die Menschen badeten, ob heimlich nackt oder züchtig gekleidet. Die Sorge allerdings darum, dass den Sommergästen der Aufenthalt im Freien »aus leicht zu erratenden Gründen« verleidet werden könnte, blieb ein gewichtiges Argument, denn der Blankeneser Schifffahrt ging es schlechter, und die Sommergäste waren eine wichtige Einnahmequelle geworden, auf die Rücksicht genommen werden musste. Mit den Badegästen kam jedoch um die Jahrhundertwende die wilhelminische Prüderie endgültig in Blankenese an. Am Strand lag man nun mit hochgeschlossener Kleidung, im dunklen Anzug mit Hut und im knöchellangen Kleid samt großem Strohhut, und auch die Kinder durften nicht nackt umherlaufen.

Da kam das Badeschiff von Johannes A. Breckwoldt gerade recht. Breckwoldt betrieb sein Schiff von 1888 bis 1901 als sittsam getrennte »Badeanstalt
4 für Herren und Damen« etwa 80 Meter stromaufwärts von der Landungsbrücke entfernt. In dem 150 Meter langen und umgebauten Fährschiff, das er in Lauenburg aufgekauft hatte, gab es jeweils zehn Zellen für Damen und für

weg von der Stadt. Hier versinke ich im Sand und versinke in meinen Träumen. Die Zeit wird außer Kraft gesetzt. Die Stadt mit ihren Gesetzen auch. Das Urbane hat hier keine Chance. Der Fluss und seine Töchter sind stärker.

Elbtagebuch – 3. Juli

Es gab Jahre, da bin ich öfter im Rhein als in der Elbe geschwommen. Wenn ich dann an die Elbe zurückkehrte, hörte ich schon vom Land aus ihr abweisendes Gurgeln. Finstergrau schimmerte sie dann unter tief hängenden Wolken und wirkte nicht wirklich einladend. Wer die Elbe kennt, weiß, dass sie launenhaft ist, verlässlich nur in ihren Gezeiten und stur. Ich lauschte dann, vom Rhein zurückgekehrt, ihrem Strömen nach und schnupperte. Sie roch so köstlich würzig-herb nach Meeresluft, dass ich sie still bat, mich doch wieder aufzunehmen und in ihr Wasser zu lassen. Ich legte mich auf den Rücken und ließ mich ein-, zweihundert Meter mit der Strömung treiben, sie

Herren, getrennt durch Bretterwände. Das Wasser aus dem Strom wurde mit verstellbaren Klappen durch die Badeabteilungen geleitet. Besonders beliebt war das Badeschiff bei den Badenden nicht, denn die Kabinen trennten die Badenden voneinander und führten so zu einem recht einsamen Badevergnügen. Im Winter musste das Badeschiff außerdem verholt werden, was relativ hohe Kosten verursachte.

Das Blankeneser Badeschiff von Johannes A. Breckwoldt, verewigt auf einer Postkarte

trug mich. Sanft nahm sie mich ein Stück des Weges gen Mündung mit, wiegte mich in ihrem duftenden Wasser.

Elbtagebuch – 11. Juli

Meistens gehe ich alleine schwimmen. Dann kann ich dem Fluss meine ganze Konzentration schenken. Nichts lenkt mich vom Wesentlichen ab: Nur der Wind, die Sonne, das Wasser und die Gezeiten zählen. Manchmal ist es einsam mit der Elbe, dann wünsche ich mir einen anderen Schwimmer im Fluss, eine verwandte Seele, einen vertrauten Menschen, der sich ähnlich in die Wogen zu legen vermag. Dem ich nichts erklären muss, der schwimmt und atmet, der sich und das Wasser bewegt, der die Kraft von Wasser und Muskeln spürt, der die Elbtöchter respektiert, der genießen kann. Genuss ist wichtig. Ohne sinnliche Freude ist jeder Moment im Fluss ein verschenkter Moment. Deshalb macht die Elbe süchtig, deshalb kann jeder Fluss süchtig

Sehr flach gebaut und mit dem Schriftzug »Badeanstalt für Herren & Damen« bemalt lag das Badeschiff bis 1901 vor dem Strand von Blankenese

Die *Norddeutschen Nachrichten* führten regelmäßig Buch über die Zahl der Gäste in den Bädern der Stadt. Im Juli 1912 schien drei Wochen lang die Sonne täglich bei hohen Temperaturen, und die Zeitung errechnete ungefähr 20 000 Besucher im Freibad Wittenbergen und bis zu 100 000 Strand- und Badegäste zwischen Tinsdal und Blankenese. Zu diesem Zeitpunkt, 1912, gab es in Hamburg 9 Flussbadeanstalten, außerdem 8 Warmbadeanstalten mit zusammen 11 Schwimmhallen, 458 Wannenzellen, 157 Brausezellen. Die Flussbadeanstalten wurden insgesamt von 1 707 818 männlichen und 827 348 weiblichen Ba-

machen, weil die Freude an den Elementen, an dem Unmittelbaren, dem man sich mit seinem Körper und seiner Seele aussetzt, so pur und ungebrochen strömt, dass man dieses Gefühl immer wieder erleben möchte. Da kann der Winter eine lange Kältestrecke werden, die ich im Oktober und im November versuche zu verkürzen. Das Frühjahr wiegt mich stets aufs Neue in trügerischer Hoffnung: Im Januar glaube ich noch, dass ich im April schon längst wieder im Fluss bin, aber im März weiß ich, dass es wie in jedem Jahr Mai werden wird, ehe ich in den Fluss steige. Und selbst die Maientage sind kühl, sehr kühl. Die Elbe braucht lange, bis sie sich aufwärmt, manchmal wird es darüber sogar September.

Elbtagebuch – 5. August

Eine E-Mail vom Atlantik erreicht mich, aber der Atlantik ist weit weg, schwimmt man in der Elbe: Mathias schreibt, er sei im Atlantik geschwommen, in einem Hafen.

Im Winter musste das Blankeneser Badeschiff wegen des zu erwartenden Eisgang verholt, also hochgezogen werden – hier liegt es zwischen alten Fischewern im Jahr 1890

denden besucht. Vor allem die Badeanstalten an der Elbe waren in diesen Jahrzehnten gut frequentiert. »In den 20er Jahren wird sich diese Zahl eher noch erhöht haben«, mutmaßte das Blatt, »einmal weil die Freibadegebräuche entschieden lockerer geworden waren, zum anderen, weil das Fahrrad als Antransportmittel inzwischen weite Verbreitung gefunden hatte.«

Wenige Jahre vor Beginn des Ersten Weltkriegs gab es einen Plan, eine Badeanstalt mit Restaurant und Hotelbetrieb auf der Insel Schweinesand zu bauen. Der Krieg verhinderte das Projekt jedoch, und stattdessen wurde

Es klingt wie ein Triumph. Wie ein Sieg. Wie ein lange unerfüllter Wunsch. Ich schwimme in der Elbe und denke darüber nach. Sein unerwarteter Jubel, seine Freude gehen mir nah.

Elbtagebuch – 9. August

Ich schwimme langsam vor mich hin und träume. Ich habe wieder eine E-Mail von Mathias bekommen. Er will in der Elbe schwimmen. Es ist ihm ernst. Es drängt ihn. Ich verspreche, ihn bald mitzunehmen. Schon manches Mal wollten andere, denen ich vom Schwimmen in der Elbe erzählte, mitkommen. Keiner von ihnen ging in den Fluss. Keiner von ihnen hat erfahren, welches Glück der Fluss zu schenken vermag.

Die Kinder vergnügten sich in den 1920er Jahren im flachen Wasser vor Oevelgönne, während die Väter mit hochgekrempelten Hosen und hemdsärmelig das Geschehen vom Strand aus beobachteten

unterhalb Baurs Park »eine sehr solide Badeanstalt mit Kabinen eingerichtet, die während der Wintersaison abgebaut werden konnte«, berichten die *Norddeutschen Nachrichten* rückblickend Ende März 1952. »Die Anstalt, die ein Bademeister betreute, der Schwimmunterricht erteilte, ist nach dem Zweiten Weltkrieg nicht erneuert worden, ein ganz großes Manko für uns, die wir uns Kurort nennen und jetzt entweder nach dem Neßsand oder nach Cranz hinüberfahren, oder auch nach Wittenbergen wandern müssen, wenn wir ein ölfreies Bad nehmen wollen.«

Durch eine Polizeiverordnung vom Februar 1925 war der Aufenthalt im Badeanzug am Strand (von Oevelgönne 103 bis zur westlichen Stadtgrenze) offiziell gestattet worden. Der Badestrand wurde durch Tafeln ausgezeichnet und abgegrenzt, die Schwimmgrenze im Fluss durch Bojen markiert. An Land installierte man zudem Trinkwasserzapfstellen. Städtische Strandwärter hatten die Aufsicht über die Badenden. Abends und an Sonntagen halfen außerdem Mitglieder der Altonaer Schwimmvereine bei der Aufsicht. Erwerbslose säuberten regelmäßig den Strand. In dieser Zeit nahmen während der warmen Sommertage Hunderte Besucher Sonnen- und Flussbäder in Oevelgönne und weiter westlich. Strandkörbe standen verteilt, Kinder bauten Wasserburgen und ließen ihre Boote und Segelschiffchen schwimmen, und auf dem Fluss fuhren Vergnügungsdampfer, Elbjollen und Boote vorbei.

Den Beginn der Blankeneser Badesaison verkündet eine Meldung in den *Norddeutschen Nachrichten/Altonaer Anzeiger* vom 8. Juni 1928 – mit abgebil-

Elbtagebuch – 11. August

Um 21 Uhr ist Hochwasser, um 21 Uhr habe ich mich mit Mathias am Blankeneser Strand verabredet. An so prominenter Stelle ist es mir im Dämmerlicht lieber. Ich habe extra wegen ihm einen Bikini angezogen, eigentlich schwimme ich lieber nackt und unbeobachtet. Das Wasser steht ungewöhnlich hoch, schwappt fast bis auf den Strandweg. Wir stehen am Ufer. Ich zögere. Er zögert nicht. Ich zögere, weil das Wasser durch den Wind sehr bewegt ist, aufgewühlt, mit vielen kleinen Bergen. Das mag ich nicht so gern. Aber Verabredung ist Verabredung. Wir gehen ins Wasser. Nein, nur ich gehe ins Wasser. Mathias stürzt sich wild entschlossen in die Elbe, dabei ist das Wasser für August kalt, und ich denke, die Elbe erschreckt sich bestimmt gerade, dass sich jemand so in sie hineinstürzt. Ich fröstle. Mathias schwimmt im Bruststil. Ich auch und parallel zum Ufer. Er neben mir, Seite an Seite. Wir schwimmen bis zum nächsten Stack. Ich warne Mathias vor den scharfen Steinen, dem Schiffs-

wrack. Ich spüre, wie die Strömung uns zieht, und mahne zur Umkehr. Zurück brauche ich etwas mehr Kraft. Mir ist schon kalt. Ich gehe aus dem Wasser. Mathias schwimmt noch länger. Ich warte. Später wärmen wir uns an der »Kajüte« bei Milchkaffee und Cognac. Er sieht aus, als sei er froh.

Elbtagebuch – 13. August

Sehr friedlich, sehr glattes Wasser, sehr mit ihr, der Elbe.

– 14. August

Ich bin nass und bebe. Ich bin an den Strand gelaufen, ich bin auf den Hafendamm gelaufen, bis an sein Ende, habe mich ausgezogen und bin durch den Mühlenberger Hafen geschwommen. Es war Hochwasser und still. Dann bin ich zurückgelaufen durch den immer stärker werdenden Regen. Elbe? Danke. Du und das Schwimmen, ihr legt mich in eine wohlige Wärme. Meine Haut fühlt sich seidig an. Überall ist es warm.

Elbtagebuch – 15. August

Ich hole Mathias ab, und wir fahren nach Wittenbergen. Es ist fast dunkel. Wir parken am Wendehammer und nehmen Decken mit. Wir gehen ins auflaufende Wasser in einer der Buchten, die sich so sanft schwingen wie schöne Brüste. Das Wasser ist unglaublich kalt. Wie im Oktober. Wir wärmen uns. Am Fluss zu sitzen und auf das stete Fließen des Wassers zu schauen wird niemals langweilig.

– 16. August

Am Alten Schweden, 19 Uhr, das Wasser steht tief, es läuft noch ab. Immer mehr Kiesel und Findlinge tauchen auf. Mich zieht es trotzdem ins Wasser. Ich muss hinein. Die Steine bohren sich in die Fußsohlen, manche von ihnen tun weh. Endlich, ich schwimme, gegen das ablaufende Wasser, und ich komme kaum voran. Hier ist oft eine starke Strömung. Das Wasser ist schön und kühl, das Wasser schmeichelt der Haut. Es tut gut. Sie tut mir gut. Sie macht mich froh. Wie schön ist das Leben.

deter Badeszene: »Die Gemeindebadeanstalt unterhalb Baurs-Park und wird ihrem Zweck übergeben, sobald die polizeiliche Abnahme erfolgt ist – was hoffentlich sofort geschieht!«, heißt es in dem Einspalter auf der Titelseite. Und weiter: »Um Gefahren nach Möglichkeit vorzubeugen, sind Bojen nach der Stromlinie und Tafeln auf den beiden Stacks unterhalb und oberhalb der Badeanstalt angebracht worden. Das Baden ist nur innerhalb dieser Linien gestattet. Herr Bootsvermieter Breckwoldt, der im vorigen Jahre eine Badeangelegenheit auf Schweinesand schuf, indem er ein größeres Fahrzeug dort verankern ließ, das den Badenden Gelegenheit zum An- und Auskleiden gab, hat insofern eine Verbesserung eingeführt, als er jetzt auch einen Badesteg zum Lande hat anlegen lassen.« Diese 1912 gebaute Freibadeanstalt blieb bis zum Ausbruch des Zweiten Weltkriegs in Betrieb. Sie bestand aus einer 23 Meter langen und 1,5 Meter breiten Laufbrücke, welche vom Kirchenfußsteig zum auf eisernen Füßen stehenden Umkleidegebäude führte. Schon damals markierten Bojen den Nichtschwimmerbereich, für Notfälle lag ein Rettungsboot bereit. Erwachsene zahlten 20 Pfennig Eintritt, Kinder 10 Pfennig.

Am 4. Juli 1928 berichtet eine kleine Reportage in den *Norddeutschen Nachrichten* vom »Blankeneser Badeleben«: »Scharen von Erholungssuchenden, Ferienkindern, große und kleine, zogen gestern schon am frühen Morgen durch die Straßen dem herrlichen Elbstrande zu. Ein richtiges, schönes, hochsommerliches Bade- und Strandleben entwickelte sich am Strande. Auch Meister Breckwoldt konnte Scharen von badelustigen Männlein und

Am Strand der Elbinsel Schweinesand: Der in den Hamburger Hafen einlaufende Dampfer »Monte Cervantes« erregte die Aufmerksamkeit der Badegäste

Elbtagebuch – 17. August

Flussig, sandig, elbig. Mondrot, nachtschwarz. Jeder Fluss hat sein eigenes Lied.

– 18. August

Hohes Wasser, hohe Sonne, und ich bin immer wieder neu aufgeregt, wenn ich in die Elbe steige. Immer wieder ist es ungeheuerlich, das Leben im Wasser zu spüren, viel stärker als an Land, unmittelbar, hautig, elementar. Ich spüre Wasser stärker als Luft. Ich schwimme. Und denke nichts.

– 18. August , abends

»Wer am Fluss geboren ist«, schreibt die Schriftstellerin Eva Demski, »kann schon früh etwas über sich herausfinden, ob man nämlich neugierig auf den Ort ist, wo er entspringt, oder auf den, wo er endet.« Ich habe lange nicht an die Quelle der Elbe gedacht, dort in der Tschechischen Republik, wo die Elbe Labe heißt. Ich kann mir

vorbei, sie sieht mich und lächelt. Ich schwimme auf ein Stack zu, schwimme eine Kurve und wieder zurück. Segelschiffe treiben gen Westen, die Stimmen der Segler wehen zu mir herüber, ich kann jedes Wort verstehen, will es aber gar nicht hören. Ich schwimme. Es ist ein glücklicher Morgen.

Am selben Tag, abends

Am Falkensteiner Ufer scheint die Sonne, wir sind am Meer, denke ich, es ist wie am Meer, es ist kurz vorm Meer. Die Buchten sind voll gelaufen, der Strandstreifen schmal gebrandet. Mathias und ich laufen ins Wasser, ich fühle mich wie ein Fisch. Das Wasser fühlt sich heute nach langen Wochen endlich wieder wärmer an. Ich quere die Bucht, hin und zurück, und erst beim Rückweg merke ich die Strömung. Die ewige Tücke. Die Diva zeigt, wer die Stärkere ist. Sie ist es und lässt es einen manchmal spüren, aber dann ist es fast schon zu spät. Einen Moment lang fühle ich

Seite sei ein unbekannter fremder Küstenstreifen.« (Zitiert nach: *Badetag an der Elbe*, Hg. Ute Zeißler)

In Teufelsbrück gab es keine offizielle Badeanstalt, aber die Menschen badeten mit Vorliebe am Strand beim Anleger, dessen Sandfläche damals noch größer war als heute. Die Hamburgerin Christa Uhlig ging oft mit ihrer Tante an den Strand oder mit ihren Cousinen auf die Mole, die die Elbe in Teufelsbrück vom Hafen trennt. »Wir stiegen die Molentreppe, die es heute auch noch gibt, hinunter und haben dort mit viel Genuss gebadet. Anschließend gingen wir aber sofort wieder nach Hause.«

Christa Uhlig wurde 1915 geboren und lebt noch heute mit Blick auf die Elbe in Teufelsbrück. »Ich habe immer leidenschaftlich gern in der Elbe gebadet«, erzählt sie, »von unserem Haus aus mussten wir nur über die Elbchaussee laufen – und schon waren wir an der Elbe. Meistens hatten wir sogar schon unsere Badeanzüge an und nur noch einen Bademantel darüber.« Seife war auch mit dabei, »weil die Elbe zu der Zeit schon ziemlich schmutzig war«.

1932 hatte der preußische Innenminister Bracht eine Kampagne für Scham und Zucht gestartet, in dessen Zentrum der Schnitt von Badehosen stand. Für besonders verwerflich hielt er einfache Dreiecksbadehosen. Sie wurden verboten und stattdessen der Bracht-Zwickel erfunden – ein viereckiges Stück Stoff, das auf Eck gestellt zwischen den Hosenbeinen eingesetzt sein musste. Sittenpolizisten kontrollierten diese Zwickel. Verdächtige Badegäste mussten sich in Grätschstellung hinstellen und überprüfen lassen. »Es ging alles sehr

7 8

linke Seite: Zusammen mit ihren Cousinen badete Christa Uhlig (Mitte) oft nahe dem Anleger von Teufelsbrück

unten: Am Strand von Teufelsbrück: Die damals 15-jährige Christa Uhlig (rechts mit Zöpfen) zusammen mit zwei Freundinnen

Angst, Adrenalin schießt ins Blut. Dann merke ich, dass ich leichter als befürchtet durch die Strömung hindurchschwimmen kann. Irgendwann ist Mathias, der Brustschwimmer, wieder neben mir. Er hatte sich weit vom Ufer entfernt. Es ist gut, in der Elbe Angst zu haben. Angst ist ehrlich.

Elbtagebuch – 21. August

Auch heute fahren wir wieder ans Falkensteiner Ufer, es fühlt sich an, als würden wir das schon Jahre tun. Ich habe meine Flossen dabei. Ich fühle mich damit wie ein Delphin. Ich pflüge durch das Wasser und tauche in ihm. Das Wasser hat eine wunderbare Temperatur. Warm genug, dass ich mich zwanzig Minuten darin wohlfühle. Erst dann lässt es mich frösteln. Auch heute ist die leichte Strömung flussabwärts zu spüren. Ich bin ein Teil der Elbe. Ihr Wasser hat Macht über mich.

moralisch zu«, erzählt die heute 90-jährige Christa Uhlig, »sogar die Tiefe des Rückenausschnitts vom Badeanzug war vorgeschrieben.« Als sie eines Tages wie gewohnt in Badeanzug und Bademantel mit ihrer Cousine an die Elbe ging, hielt ein Polizist die beiden an: »Er sagte, wir seien ungenügend bekleidet und es sei verboten, sich so öffentlich zu zeigen. Wir würden ein Ärgernis erregen. Wir waren völlig verdutzt. In unseren Augen war ein Bademantel so ziemlich das anständigste Kleidungsstück, das wir uns denken konnten. Meine Cousine, die 14 Jahre älter war als ich und damals schon verheiratet war, hat dem Schupo so richtig die Meinung gesagt. Am Ende ließ er uns ziehen, aber die Freude am Baden war uns ein bisschen verleidet.«

Nienstedten war die ersten Jahrzehnte des 20. Jahrhunderts ein beliebtes Ausflugsgebiet. Die Gäste kamen am Wochenende in Scharen mit der S-Bahn – seit 1908 fuhr die Hamburg-Altonaer Stadt- und Vorortbahn auf der Strecke Ohlsdorf–Blankenese und wurde 1934 in die von der Deutschen Reichsbahn betriebene S-Bahn umbenannt. Zu Fuß pilgerten sie dann vom Klein Flottbeker S-Bahnhof an die Elbe und ließen sich am Strand nieder, verbrachten den Tag dort und fuhren abends wieder in die Stadt. »Wir hatten damals in Nienstedten einen wunderbaren weißen Strand, und das Wasser war
6 so klar, dass wir die kleinen Stichlinge darin schwimmen sehen konnten«, erzählt Irma Tittelbach, Jahrgang 1919, die unterhalb vom Hotel Jacob schon als Dreijährige gebadet hat. »Zu meiner Kinderzeit gehörte das Badeleben an der Elbe: Mit Eimer und Schaufel, Milchbrötchen und Saft liefen wir ans Wasser«,

Elbtagebuch – 22. August

Geschäftiges Treiben auf dem Fluss. Grau und hell. Brummelig und plätscherig. Leichte Brise.

– 23. August

Ich laufe zu Fuß bis zur »Strandperle« von Oevelgönne. Hier ist um diese Zeit, um 22 Uhr, kein Mensch mehr. Nur ein unruhiger Hund. Ich gleite langsam in das schwarze Wasser, dessen Kälte mich überwältigt. Es ist wieder sehr kalt geworden. Ich habe heute kein Gefühl dafür, wie das Wasser strömt. Schwimme ich im Neerstrom? Läuft das Wasser noch auf? Oder schon wieder ab? Ich bin unsicher. Ich wechsle die Richtung, weil ich denke, ich schwimme mit der Strömung. Als ich umdrehe, merke ich, dass ich gegen die Strömung geschwommen bin. An manchen Tagen bekomme ich zum Fluss keinen richtigen Kontakt.

erzählt sie, »den Badeanzug haben wir vorher schon im Haus angezogen, wir lebten ja nur drei Minuten vom Strand entfernt.« Irma Tittelbach wohnte am Marktplatz von Nienstedten, ihre Eltern waren Schneider und hatten keine Zeit, also durfte das Mädchen schon mit drei Jahren allein an die Elbe laufen. »Meine Mutter hat allenfalls mal einem älteren Nachbarkind Bescheid gesagt, dass es nach mir gucken soll.« Das war Anfang der 1920er Jahre, und die kleine, pummelige Irma lief die holprige Treppe beim Hotel Jacob hinunter an den Strand. Dort stand ein hölzernes Badehaus – »mit Badewärter«, erzählt Irma Tittelbach, »der hat die Jungen, die zu weit rausgeschwommen sind, mit seiner schrillen Pfeife zurückgepfiffen.« Auf Pfählen standen die Badekabinen, »in denen sich die großen Leute umziehen konnten. Es war ein Badeleben wie an der See. Die Leute kamen aus der Stadt und brachten sich ihre Essenssachen mit. Sie breiteten ihre Decke ziemlich dicht an der Elbe aus, sie kannten ja die Tide nicht, und wenn die Flut kam oder ein Schiff mit starkem Schwell, dann schwammen die ganzen Sachen im Wasser, und wir Kinder haben uns natürlich amüsiert.«

Irma Tittelbach, Jahrgang 1919, als Dreijährige in den Wellen der Elbe: Die Nienstedtenerin durfte so jung allein an den Strand

Das Nienstedtener Ufer war zu dieser Zeit noch sehr viel breiter als heute und ohne steinerne Befestigungen. Erst Ende der dreißiger Jahre wurde mit dem Bau des Elbuferwegs begonnen, nachdem die Elbschlossbrauerei Uferland an die Stadt abgetreten hatte und als Gegenleistung den 1941 eröffneten Elbschloss-Pavillon betreiben durfte, der heute, nach einem Brand im Jahr 1993, als Neubau noch an Ort und Stelle steht.

Elbtagebuch – 24. August

Der Fluss strömt durch die Nacht in den Amselmorgen.

– 26. August

Morgens, 9 Uhr, Wittenbergen. Nur Hundemenschen sind unterwegs. Ich laufe über den Strand, laufe ins Wasser, stürze durch die leicht bewegte Oberfläche. Viel Schiffsverkehr. Die Sonne scheint. Sie hat alles erwärmt: den Sand, das Wasser, die Luft. Das Herz. Es gibt Tage, an denen macht die Elbe mich glücklich. Allein durch ihre Präsenz und dadurch, dass sie mich zu sich lässt. Ich fühle mich stark, kraule los und auf ein Stack zu. Auf dem Weg fühle ich die Macht des Wassers, ich spüre, wie stark der Fluss ist, seine Strömung, die Gezeiten. Ich drehe mich etwas nach Osten und verändere die Richtung um ein paar Grad, sodass ich parallel zum Strand schwimme und kurz drauf wieder auf das Ufer zu. Es sind nur Sekunden der Unsicher-

Reges Badeleben im Freibad Wittenbergen, um 1920

Irma Tittelbach fing mit der Hand Fische. »Ganze Schwärme schwammen am Ufer. Unter den Steinen am Stack fanden wir kleine Aale und Schollen. Abends haben wir verglichen, wer die meisten Fische gefangen hat, und danach haben wir sie wieder in die Elbe geschüttet.« Als einmal ein Eisverkäu-

heit, aber sie schneiden tief in die Seele, so tief, dass Arme und Beine sich unendlich schwer anfühlen.

Elbtagebuch – 27. August

Kurz vor 23 Uhr. Zwei Jugendliche liegen auf Schlafsäcken und mit Thermoskanne am Strand von Blankenese. Ab und zu fährt ein Auto vorbei. Kein Windhauch geht. Die Elbe liegt da wie eine tief schlafende Frau. Ihr Wasser ist dunkel. Nichts bewegt sich in ihr. Keine Welle rührt sich. Kein Schiff. Es ist ruhig. Ich gleite ins Wasser und versuche, kein Geräusch zu machen. Nicht laut zu atmen. Ich möchte nicht, dass mich jemand hört. Ich durchschwimme die Bucht, hin und zurück. Es beginnt, kühl zu werden. Der Fluss atmet nichts als seinen Atem.

fer vorbeikam, wollte sie auch ein Eis haben. »Der Eisverkäufer sagte, ich solle bei meiner Mutter Geld holen. Weil mir aber mein Badeanzug nass um die Beine hing, habe ich ihn einfach in die Elbe geschmissen, sodass ich besser laufen konnte. Splitternackt kam ich zu Hause an. Anstatt Geld hat es dort was auf den Hintern gegeben.«

Stundenlang planschte die kleine Irma im Wasser. »Die Eltern hatten gesagt, dass wir nur bei Flut reingehen sollen, aber wir sind natürlich oft auch früher schon ins Wasser gegangen, aber tatsächlich war bei Flut das Wasser am saubersten, dann kam ja das Wasser von der See.« Als Irma Tittelbach noch nicht schwimmen konnte, hat sie »im Wasser gepaddelt wie ein Hund«. Ein paar Jahre älter ist sie mit den Größeren mit der Strömung des auflaufenden Wassers bis zur Elbschlossbrauerei geschwommen und dann zurückgelaufen.

Sieben Jahre lang marschierte Irma Tittelbach im Badeanzug vom Marktplatz an den Strand, und das Badeglück endete erst, als die Familie in die Stadt zog, 1929 war das, »und da habe ich dann in der Badeanstalt am Schwanenwik gebadet«, erzählt sie, »die war abgeteilt mit Brettern und Umkleidekabinen und mit einem Draht, der zeigte, wie weit man schwimmen durfte«.

1940 heiratete die Nienstedtenerin und zog mit ihrem Mann wieder in den Westen. »Da war dann aber Krieg, und wir sind nicht mehr an die Elbe gegangen. Erst nach dem Krieg wieder, mit meinen Kindern, aber da gab es keine Badeanstalt mehr.«

Elbtagebuch – 28. August

Ich bin allein in Blankenese am Strand, es ist sehr früh am Morgen. Die Sonne lugt schüchtern hervor. Ich ziehe mich hinter Weidenzweigen aus und schwimme durch die zart wie Seide wirkende Wasseroberfläche hindurch, ich zerschneide sie mit meinem Körper und ziehe meine Bahn im Wasser. Als ich aus dem Wasser steige, wärmt die Sonne das Wasser auf meiner Haut, und ich spüre Dankbarkeit. Und Ruhe.

– 30. August

»Der Fluss freute sich und singt. Er singt so laut er kann, und das ist sehr laut! Wie schweres Licht. Wenn der Fluss singt, stellen sich die Fische unter, setzen sich in Reihen und lauschen mit ihren ganzen Körpern«, schreibt Mathias mir in einer E-Mail. Schön, dass ich ihn mit in die Elbe genommen habe.

Das Freibad Wittenbergen, aquarelliert von Erich Hartmann 1925

Auch Ingeborg Graaf, Jahrgang 1930, stammt aus Nienstedten. »Wir durften nur bei Flut los und hatten deshalb einen Tidenkalender. Und nur wenn die Nachbarstochter oder ein anderes großes Kind mitging. Außerdem war es streng verboten, über die Stacks hinaus zu schwimmen, weil man dort von der

Elbtagebuch – 31. August

Das Wasser ist kabbelig bei frischem Ostwind, es ist schwer zu schwimmen.

– 2. September

Die Elbe schwappt in mir.

– 4. September

Das Wasser geht und bleibt.

– 6. September

Das Dasein ist ein anderes, wenn es ins Fließen kommt, wenn ein Tag ohne zu schwimmen ein einsamer Tag wird.

Strömung weggezogen wird. Aber bis dahin wagten wir Kleinen uns ja erst gar nicht.«

Das idyllische Steilufer von Wittenbergen mit dem vorgelagertem Sandstrand im Osten entdeckten Schwimmer und Badende erst nach dem Bau der Vorortbahn von Hamburg nach Rissen – für Ausflügler war es so leichter geworden, den dortigen Elbstrand zu erreichen. Die 1883 eröffnete Eisenbahn- 2
verbindung ließ das Freibad Wittenbergen in den 1920er Jahren zur Badewanne Hamburgs aufsteigen. Tausende von Ausflüglern fuhren dorthin. An schönen Sonn- und Feiertagen waren es bis zu 5000 Tagesgäste. 1923 wurde ein 35 Hektar großes Wiesen- und Strandgelände vor dem damaligen Kurhaus bis in die Elbe hinein eingezäunt und Eintritt erhoben: 20 Pfennig an Werktagen, 30 bis 50 Pfennig an Sonntagen. Gleichzeitig wurde das Baden am übrigen Elbstrand verboten und vom zuständigen Landgendarmen streng kontrolliert, sodass sich das Flussbad zu einem lukrativen Geschäft entwickelte. Wer es trotzdem wagte, wild zu baden, wurde aufgefordert, den Strand zu verlassen oder aber das eintrittspflichtige Freibad zu besuchen.

In dem Freibad konnte man aber nicht nur schwimmen: Die Betreiber hatten außerdem einen Musikpavillon eingerichtet, in dem in Badebekleidung auf Sand getanzt wurde. Es gab ein Casino mit Geldspielautomaten, eine Schießbude, ein Kettenkarussell und Verkaufsstände mit Erfrischungen. Sogar übernachten konnte man in Mietzelten auf dem Gelände. Das Wittenbergener Freibad war also eine Art frühes Erlebnisbad.

Elbtagebuch – 12. September

Der Morgen ist grau. Ich stehe an der Elbe. Ich bade heute nicht. Ich fröstle, obwohl es nicht kalt ist.

– 13. September

Morgens um 8 Uhr tanzen die Nixen ihre Nebeltänze auf der Elbe. Die Luft ist herbstlich kühl und still, die Wasserfläche glatt. Die Stadt scheint weit weg. Ich fliege durchs Wasser, und die Seele schwimmt. Schöner kann die Elbe nicht sein. Ich schwimme lange in der Bucht von Blankenese und möchte am liebsten dort bleiben.

– 19. September

Am Abend zieht es mich zum Hochwasser, das Wasser schwappt auf den schmalen Gehweg. Alles ist grau, im Grau sind kaum Menschen unterwegs. Das Wasser gibt sich

Die Flussbadeanstalt Kaltehofe wurde 1930 gebaut, bis 1958 betrieben und nach der großen Sturmflut 1962 abgerissen. Frühere Bauplanungen waren durch den Ersten Weltkrieg verhindert worden. Dann, um 1930, wurden eigentlich keine Flussbadeanstalten mehr gebaut, die Wasserqualität war bereits schlechter geworden. Doch der Bedarf der Stadtbevölkerung an einer Badeanstalt war groß: Die hygienischen Bedingungen in den engen Wohnvierteln waren miserabel, und nur wenige Familien besaßen ein Badezimmer

1940 fielen die ersten Bomben auf Hamburg, »Blohm & Voss bekam einen Tarnanstrich, die Deutsche Werft Netze«, erzählt Ingeborg Graaf, »wir hatten Angst, dass die kriegswichtigen Ziele trotzdem von oben zu erkennen sein würden. Hoffentlich klinkten sie ihre Bomben nicht zu früh aus, sodass sie auf uns fielen. Damit das nicht passierte, wurde die Elbe später an hellen Tagen eingenebelt. Das stank fürchterlich, und der Nebel verzog sich erst nach Stunden.« Die Nienstedtenerin Ingeborg Graaf ging damals in Blankenese zur

kühler, als es ist. Ich schwimme parallel zum Ufer, die Strömung ist nicht stark, aber das Wasser schwer und behäbig. Bevor ich ins Wasser ging, fröstelte mich. Als ich aus dem Wasser steige, ist mir sehr warm. Auch ums Herz.

Elbtagebuch – 20. September

Am Falkensteiner Ufer sieht der Sonnenuntergang fast kitschig aus. Ich schwimme ein großes Dreieck. Mit jedem Zug wird das Wasser wärmer. Danach machen Mathias und ich ein Feuer und wärmen uns. Die Sonne ist untergegangen. Die Sterne sind aufgegangen. Die Hundeleute sind verschwunden, und wir bleiben lange, bis die Glut verglüht ist. Wir sind in Hamburg und fühlen uns weit weg. Das ist immer wieder ein Wunder: Wie meerig es hier am Falkensteiner Ufer ist. Dabei schmeckt das Wasser nicht salzig, und nach Schlick riecht es nur selten, manchmal bei abgelaufenem Wasser.

Schule. »Der Luftschutzkeller unserer Schule Kirschtenstraße war so klein und niedrig, dass nicht alle Schülerinnen darin Platz hatten. Bei Alarm sollten darum die Blankeneser schnell nach Hause laufen.« Als sie und ihre Freundin eines Tages von der Schule aus nach Hause gingen, hatten sie die Idee, an der Elbe langzulaufen – als plötzlich die Sirenen heulten. »Wir bogen ab in den Mühlenberg, ein Stück Hirschpark und die Himmelsleiter runter zum Elbwanderweg. Aber plötzlich war die Elbe wieder eingenebelt. Ganz schnell konnten wir die Hand vor Augen nicht mehr erkennen. Und wir verloren die Orientierung. Dann hörten wir das Gedröhne von vielen, vielen Bombern. Wir saßen aneinander geklammert, geduckt auf dem Weg. Es krachte und ballerte um uns herum, wir zitterten vor Angst. Eine Ewigkeit saßen wir dort, bis der Nebel sich so weit hob, dass wir den Weg wieder einigermaßen erkennen konnten.«

Ans Baden dachte seit 1940 niemand mehr. Die Elbe bedeutete nun Gefahr, nicht mehr fröhliche Freizeit. Das unbeschwerte Badeleben war vorbei. Daran erinnert sich auch die 1931 geborene Ingeborg Michaelsen aus Blankenese. »Im Krieg haben wir nicht mehr an der Elbe gespielt. Da wären wir ja bei Tieffliegerangriffen viel zu weit weg von zu Hause und den Bunkern gewesen. Ich habe in

Zwei Frauen und ein Mädchen posieren am Strand der Flussbadeanstalt Kaltehofe, wahrscheinlich um 1930. Zwischen der 120 Meter langen Männerabteilung und der halb so langen Frauenanteilung lag das steinerne Verwaltungsgebäude. Auf der eisernen Pontonanlage, die das Schwimmbecken bildete, befanden sich die Badezellen

Elbtagebuch – 24. September

Noch vor dem Frühstück steige ich die kleine Rampe zwischen den Weiden von Blankenese hinab: Der Fluss ist voller Segelschiffe. Die letzte Regatta des Jahres. Im Westen liegt noch schwerer Nebel auf dem Wasser, der Himmel will von Weiß ins Blau wechseln, aber die Sonne muss erst noch Kraft sammeln. Etwas Wind kommt auf, als ich mich abtrockne. Als hätte jemand den Vorspulknopf gedrückt, fahren alle Segelschiffe nun schneller. Das sieht komisch aus.

– 25. September

Sonntagmorgen. Sonnenmorgen. Schwimmmorgen. An der kleinen Blankeneser Rampe – alles, auch das Wasser, wirkt so sonntäglich. So milde.

Ein Foto aus dem Hamburg-Buch von Hans Leip (1937): »Im Anblick des breiten Stromes mit seinen zahllosen Fahrzeugen aller Art sucht alt und jung in den Strandbädern Erholung und Vergnügen.«

Der Strand von Wittenbergen nach 1945 von der Steilküste aus aufgenommen

den Kriegsjahren meine Zeit unter den Rhododendren im Hirschpark verbracht.«

Und nach dem Krieg seien sie nicht mehr zum Baden rüber nach Cranz gefahren, sondern um im Alten Land Pflaumen und Kartoffeln zu bekommen. Das berichtet auch Christa Uhlig. Mit einem kleinen Dampfer, der zwischen Neuenfelde und den Landungsbrücken pendelte, fuhren sie und ihre Schwester im Herbst 1946 ans Südufer, um Obst zu ergattern.

Erika Knappe kam im Herbst 1945 von der Kinderlandverschickung nach Hamburg zurück. Für sie war der Sommer 1946 schon wieder ein Kindersommer, ohne Angst und Fliegeralarm. Und in diesem Sommer hat die Elbe sie das Schwimmen gelehrt, zwischen Eisenbahnbrücke und Autobahn. Im Pulk zog sie mit den andern Kindern aus der Siedlung Kirchdorf an die Süderelbe bei Wilhelmsburg – was ein ziemlich weiter Weg war für die kleinen Beine, und nur als Kind unternimmt man solche Wanderschaften in die Welt hinein. Lange Sonnennachmittage verbrachte die damals 10-jährige Erika mit ihren Freundinnen am und im Fluss, und zu den wieder unbeschwerten Kindheitstagen gehörten vor allem zwei Dinge: die von der Mutter dünn beschmierten Butterbrote und die Elbe mit ihrem weißen Strand. »Viele Kinder konnten damals schwimmen«, erzählt sie, »ich noch nicht, aber ich konnte gut tauchen. Am liebsten bin ich zu den Wracks getaucht, die am Grund lagen, zu den alten Schuten. Das Wasser war trüb, aber nicht schmutzig.« Immer wieder tauchte Erika Knappe auf den Grund, und eines Tages tauchte sie auf,

Elbtagebuch – 26. September

Frühmorgens um 8 Uhr erwacht ein grauer Tag in Blankenese, keine Schiffe sind in Sicht. Als ich im Wasser bin, beginnt es sanft zu regnen. Weiche Tropfen legen sich auf die Elbe. Ich tauche mit dem Kopf unters Wasser, obwohl es schon recht kalt ist. Ich schreie unter Wasser, jetzt hören mich nur die Fische. Ich bin froh, dass mich nur die Fische hören. Ich schwimme auf ein Stack zu, so weit, bis ich die stärker werdenden Wirbel der Buhne spüre, ich schwimme im Bogen zurück, eine Fähre schlägt ihre Wellen. Meine Haut ist eiskalt, als ich aus dem Wasser steige.

– 27. September

Das Wasser steht tief am Falkensteiner Ufer. Es ist weit weg, die Elbe schmal. Es nieselt. Es ist grau. Keine Schiffe, keine Menschen. Ich laufe über den nassen festen Sand zum Wasser, dem Fluss hinterher. Lange reicht das Wasser nur bis zu den Waden, dann bis

schnappte nach Luft – und konnte schwimmen. »Ich werde dieses Gefühl nie vergessen, ich war so überrascht: Plötzlich trug mich das Wasser. Ich war glücklich.« Einmal ist sie mit Freunden ans andere Ufer geschwommen, »aber dann bekam ich Angst und habe mich nicht mehr zurückgetraut. Da bin ich 19
mit meiner Freundin über die Autobahnbrücke zurückgelaufen. Die beiden Jungs sind geschwommen. Die Elbe ist gewaltig breit.« Das war die Süderelbe – der Blankeneser Heiner Fosseck erinnert aus der Zeit zwischen 1947 und 1950 eine andere Elbe: »Sie war damals nicht besonders sauber. Wenn wir aus dem Wasser kamen, hatten wir einen braunen Oberlippenbart. Wir kamen dreckiger aus dem Wasser, als wir reingegangen waren. Es schwamm viel Unaussprechliches in der Elbe, und über die weißen Gummitüten gingen sagenhafte Geschichten bei uns Kindern um.« Auch die Blankeneserin Ingeborg Michaelsen beschreibt die Elbe nach dem Krieg als eklige Brühe, »in der braune Klumpen schwammen«. Die Bomben hatten Wohnhäuser, Fabriken und auch die Siele zerstört. Alle Abwässer gelangten in den Nachkriegsjahren direkt in die Elbe.

Trotzdem waren Strand und Fluss im beengten Nachkriegsdeutschland für Heiner Fosseck und seine Freunde ein wichtiger Ort, hier hatten die Kinder Platz zum Spielen, und kein Erwachsener schimpfte über Lärm oder Schmutz. Elbeland war Kinderland. Vor allem die Sommerferien verbrachte Heiner Fosseck mit anderen Jungen an der Elbe. »Spätestens ab Juni wurde gebadet. Meistens unterhalb von Baurs Park. Dort war das Eisengerüst der 5

zu den Knien, ich gehe weiter. Es ist kalt, ich tauche unter, noch zwei, drei Grad Celsius weniger, dann beginnt die Kälte den Atem zu rauben. Jetzt geht es noch. Nur beim Kraulen wird es schwer. Also lieber Brustschwimmen. Ich bin nahe der Fahrrinne, so tief steht das Wasser. Ich schwimme eine kleine Runde. Das Wasser ist ganz ruhig. Ich spüre kaum Wirbel oder Strömungen. Die Elbe gibt sich zärtlich. Sie macht es mir leicht, will mich die Kälte vergessen machen. Das tut sie. Ich laufe zurück.

Elbtagebuch – 2. Oktober

Ich schwimme in der Nordsee. Vielleicht also auch in elbischem Wasser. Die Nordsee ist noch kälter und härter als die Elbe. Die Brandung türmt sich auf und rollt sich zum Strand, ein wildes Werfen und Stürzen ist das. Hier fehlt mir die Ruhe, das Fließen des Flusses. Die Nordsee ist so laut, so stürmisch. Zu groß das alles.

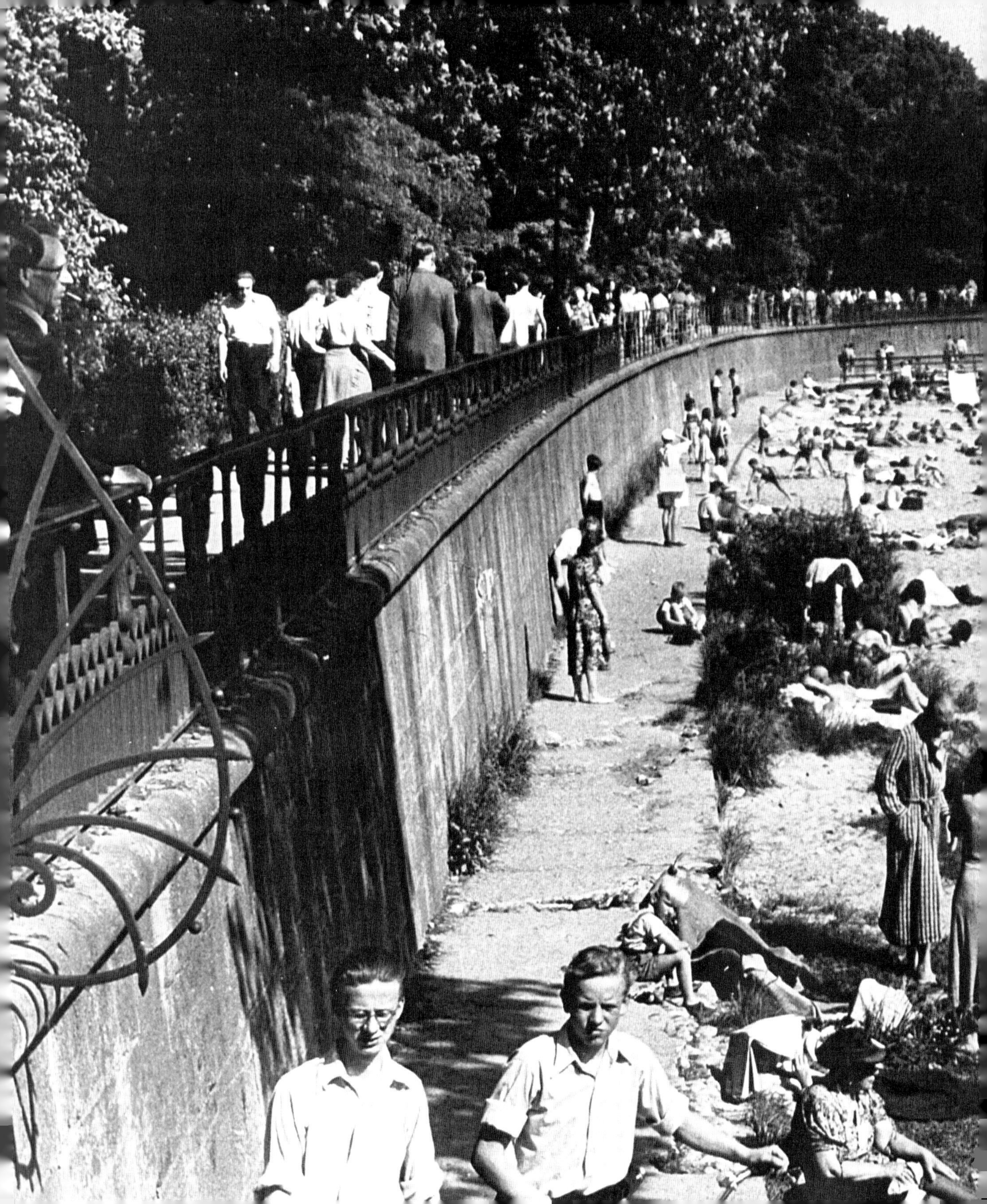

Der Blankeneser Strand unterhalb von Baurs Park im Sommer 1950 – vor allem Kinder badeten damals

Der Dockenhudener Strand vor dem Elbkurhaus im Sommer 1950 bei Ebbe

ehemaligen Badeanstalt. Wir balancierten auf den Eisenträgern über das Wasser bis zur Badetreppe, und dann ging es unter dem Eisengerüst zurück. Einmal rutschte ich von den Steinen unter den Eisenträger und hatte keinen Grund mehr. Im letzten Moment zog mich jemand aus dem Wasser und stellte mich auf den Kopf. Das Wasser lief mir aus Nase und Ohren.« Heiner Fosseck war damals neun und konnte noch nicht schwimmen. Nach diesem Unfall schickten seine Eltern ihn nach Altona ins Bismarckbad, wo er schwimmen lernte. »Später schwammen wir mit der Ebbe zur Elbinsel Meiers Sand. Das
17 war ein langer Törn. Wir mageren Kinder kreuzten das Fahrwasser der Schiffe, und ich kenne einige Jugendliche, die dabei ertrunken sind. Drüben auf der Elbinsel war reger Badebetrieb. Dort wurde auch gezeltet, und an einer abgeschiedenen westlichen Stelle war Nacktbadebetrieb. Nacke-Duhnien nannten die Blankeneser diese Badestelle. Natürlich wollte kein Blankeneser da gesehen werden. Trotzdem segelten verdammt viele Jollen hier vorbei. Aber man kannte niemanden. Die kamen wohl alle aus Hamburg.«

Von drei Plätzen aus fuhren damals Barkassen zu den Elbinseln, die beliebte Badeorte geworden waren. Der Bootsvermieter Helms, der seinen Steg an der Stelle hatte, wo heute der Blankeneser Leuchtturm steht, fuhr die Badegäste mit einem Motorboot nach Meiers Sand hinüber, der Unternehmer Breckwoldt vom Landungssteg beim Strandhotel, und ein Dritter startete unterhalb von Baurs Park, um nach Schweinesand hinüberzufahren. »Bei gutem Wetter fuhren meine Mutter und wir drei Geschwister mit der Barkasse

Elbtagebuch – 5. Oktober

Altweibersommer. 22 Grad warm, blauer Himmel. Mein Zeitplan ist zu eng, ich schaffe es nicht in den Fluss, aber es zieht mich zu ihm hin. Morgens liegt jetzt oft Nebel im Flusstal, der langsam hochsteigt und die Elbe freigibt.

– 6. Oktober

Grippe. Rangerollt wie die Nordsee. Fiebrige Bettruhe. Ich will in die Elbe. Geht gar nicht. Stattdessen Erkältungsbad.

– 10. Oktober

Noch immer scheint diese Altweibersonne. Für mich kaum auszuhalten, denn noch immer zwinge ich mich zur Bettruhe. Muss zu Kräften kommen, rechtzeitig, damit es in diesen Oktobertagen überhaupt noch etwas mit der Elbe wird. Aus der Lust auf den Fluss wird eine Sehnsucht, aus der Sehnsucht fast eine Gier.

Elbtagebuch – 15. Oktober

Eine Nebelbank liegt über Blankenese. Grau unter blauem Himmel. Als ich um halb neun zum Leuchtturm gehe, weht sie langsam davon, der Himmel bläut sich. Ich steige nahe dem Leuchtfeuer ins Wasser. Die hässliche »Grimaldi« fährt vorbei, während die Sonne hinaufsteigt. Ein Fischer kommt zu seinen Reusen. Ich gehe über die Steine und fühle Schlick unter meinen Füßen, die mindestens zehn Zentimeter tief einsinken – das fühlt sich schön an. Ich gehe weiter und spüre das Wasser kaum. Es hat ungefähr 14 oder 15 Grad, aber was ich fühle, fühlt sich nicht kalt an. Ich sinke ins Wasser, es fließt über meine Haut. Ich schwimme. Ich versuche zu kraulen, aber die Kälte des Wassers raubt mir jede Luft. Ich versuche ein paar Delphinzüge, auch das ist am Kopf zu kalt. Ich versuche es in Rückenlage – zu kalt. Also Kopf aus dem Wasser, den Hals gereckt: So ist es schön. Ich schwimme und schwimme und bleibe im Wasser. Ich wundere mich, dass ich es nicht zu kalt finde. Mehr aus Vernunft als

Am Strand von Wittenbergen demonstrieren zwei Rettungsschwimmer im Juli 1950, wie fast Ertrunkene getragen und wiederbelebt werden

Lisa nach Meiers Sand«, erzählt Heiner Fosseck. »Karbonade und Frikadellen und Kartoffelsalat sowie Limonade hatten wir im Rucksack dabei. Manchmal warteten Hunderte von Menschen, dass sie hinüber nach Meiers Sand fahren konnten, und wir standen dann über zwei Stunden in der Warteschlange. Die Fahrt kostete hin und zurück 50 Pfennig. Drüben landete die Barkasse an einem wackeligen Brettgestell. Wenn dann gerade ein Fischdampfer Richtung Nordsee fuhr, waren wir alle schon nass, bevor wir den Inselstrand betreten hatten. Uns Kindern machte das nicht aus. Wir hatten sowieso schon die Badehose an. Auf Meiers Sand war es herrlich für uns Kinder. Wir durchstreiften die Insel wie Robinson. Zwischen einer vorgelagerten

aus einem Kältegefühl heraus steige ich aus dem Wasser und klettere die glitschigen Steine wieder hinauf.

Elbtagebuch – 17. Oktober

Am alten Schiffswrack vor Blankenese: Die Sonne steht tief am Abendhimmel über Schweinesand. Die Luft ist klar, und das Wasser glänzt. Ein paar Spaziergänger laufen am Ufer, wo die Steine leuchten. Ich beeile mich, um ins Wasser zu kommen, denn ich möchte noch im Sonnenlicht schwimmen. Heute ist das Wasser so kalt, wie es klar ist. Seine Kühle raubt mir wieder den Atem. Ich schwimme zügig auf eine Tonne zu. Die Sonne versinkt. Sie sieht wunderschön aus. Ich vergesse die Kälte. Sie ist mir egal. Ich schwimme weiter und denke, dass ich aufhören sollte. Es ist zu kalt, aber ich kann nicht aufhören. Ich will nicht aufhören. Ein Containerschiff zieht vorbei und macht schöne Wellen. Ich lasse mich von seinen Wellen tragen. Das Ufer kommt wieder

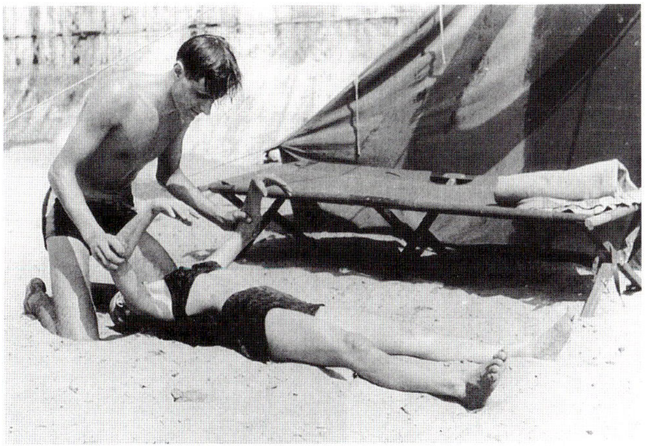

Sandbank und Meiers Sand war ein Priel. Da sprangen wir rein und ließen uns von dem schnell dahinströmenden flachen Wasser mitreißen.« Auf der anderen Seite der Insel zum Alten Land hin war Schlick. »Hier wateten wir mühsam durch und schmierten uns von oben bis unten mit Schlick ein und erschreckten die Leute. Wir waren fast nur im Wasser. Und wenn einer blaue Lippen vor Kälte bekam, wärmte er sich unter dem Badelaken bei Mutter auf.« Die Rückfahrt sei immer chaotisch gewesen, erinnert sich Heiner Fosseck. »Alle wollten gleichzeitig zurück. Besonders wenn mit der Flut ein Gewitter aufkam.« Aber die Barkasse nahm jeden von der Insel wieder mit ans Festland. »Ob er nun be-

näher. Die Menschen kommen wieder näher. Sie sind mir egal, und trotzdem möchte ich nicht, dass sie mich anglotzen wie einen Seehund, der sich verirrt hat. Ich drehe mich auf den Rücken. Meine Arme und Beine spüre ich kaum noch. Ich bewege mich in Richtung Ufer, nicht weil mir kalt ist, sondern weil ich denke, dass es kalt ist. Ich steige vorsichtig über ein paar Steine, schlinge das Handtuch um mich und schlüpfe in die Kleidung. Ich bin froh.

Elbtagebuch – 22. Oktober

Der Himmel ist grau. Ich fahre ans Falkensteiner Ufer. Ein paar Drachen fliegen am Himmel. Ein paar Hunde rennen über den Strand. Das Wasser ist weit weg und immer noch ablaufend. Ich mag es, wenn es hier wie am Wattenmeer aussieht. Ich ziehe meine Sachen aus und gehe der Elbe entgegen. Sie ist weit weg, fast bis zur Fahrrinne abgelaufen. Ich gehe, und sie geht mir bis zum Knie. Ich lasse mich hineinsinken und

Oft schon hatten die drei Schulfreunde Günther Kröger, Helmut Henschel und Heini Burkhardt in der Elbe gebadet. Im August 1950 wagten sie eine Elbquerung: Die 17-Jährigen hatten am Strand von Nienstedten gezeltet und sprangen am sonnigen Sonntag ins auflaufende Wasser. Sie schwammen zunächst parallel zum Ufer, dann entschieden sie sich, das jenseitige Ufer anzusteuern. Heini hatte Angst und kehrte um, die beiden anderen aber ließen sich mit der Flut flussaufwärts treiben. Sie begegneten einem Fährschiff, zwei Sturmbooten der englischen Marine, einem Segelboot und einem Kanu. Bang wurde den beiden Jungen, als sie immer stärker auf das Schwimmdock der Deutschen Werft zutrieben. Mit etwas Glück spülte die Elbe sie jedoch ein paar Meter weiter an Land, von wo aus sie zur Anlegestelle des Fährdampfers schwammen. Mit dem fuhren sie zurück ans heimische Nordufer nach Teufelsbrück – in Badehose und ohne Fahrkarte

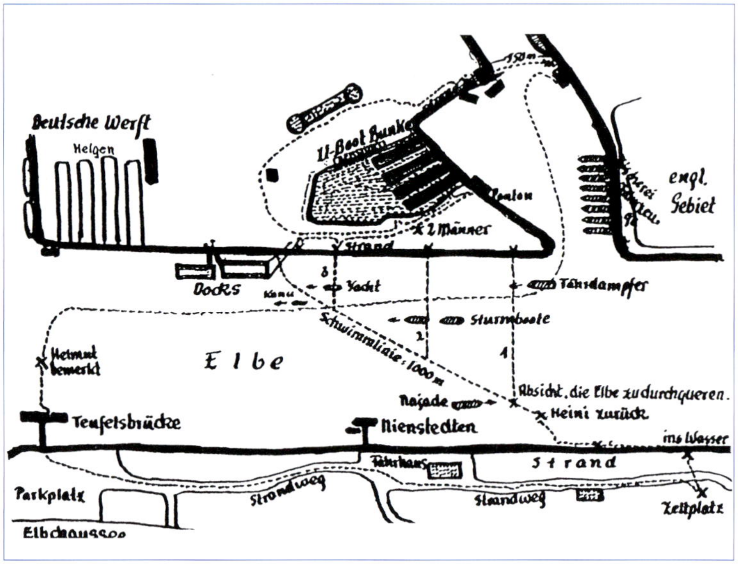

zahlt hatte oder über die Elbe geschwommen war.« Als Heiner Fosseck und seine Freunde älter wurden, sprangen sie von den bis zu acht Meter hohen Duckdalben an der Blankeneser Dampferbrücke in die Elbe. »Wir mussten uns vorsehen, dass uns der Brückenwärter nicht sah. Es war eigentlich eine alberne Mutprobe, die öfter auch die Wasserschutzpolizei auf den Plan rief. Dann sind wir schnell in Richtung Knüll geschwommen, während die Polizis-

schwimme. Nur wenige Züge. Heute spüre ich nur Kälte. Ich will wieder raus. Schnell. Beim Zurückschwimmen beginnt sie, sich weniger kalt anzufühlen. Aber ich fühle mich trotzdem nicht wohl.

Elbtagebuch – 5. November

Es nieselt, als ich durchs Treppenviertel von Blankenese gehe. Die Treppenstufen sind glitschig. Ich laufe zum Strand hinunter und am Leuchtfeuer vorbei bis zur Badebucht und weiter zum Kanuverein, weiter bis zur Kurve, ich drehe um und laufe zurück bis hinters Leuchtfeuer. Die Elbe lockt mich. Ich ziehe mich aus. Die Luft fühlt sich warm an. Ich stehe am Ufer und zögere. Im November war ich noch nie in der Elbe, noch in keinem Fluss. Ich gehe bis zu den Schenkeln hinein und warte. Worauf? Ich weiß es nicht. Ich taste mich weiter ins Wasser und schwimme, vielleicht sechs, sieben, acht Züge, und spüre schon wieder Steine unter den Füßen. Gut so, ich stehe. Ich will mich

Am Südufer der Elbe: Jürgen Suchorski war 1954 neun Jahre alt und verbrachte die Wochenenden bei seinen Großeltern. Wenn er nach einem Strandtag nach Hause kam, bestand die Großmutter darauf, dass er sich erst einmal gründlich wusch

ten uns vom Land abfangen wollten. Aber es ist nicht leicht, so einen wieselflinken jungen Blankeneser zu erwischen. Klitschnass und noch in Badehose verschwanden wir im Treppengewirr und liefen nach Hause. Wo wir gleich eine Ohrfeige bekamen – meine Mutter wusste immer alles.« Nachdem aber 1952 die Steinpacken am Strand angefahren worden waren, »war das unbeschwerte Baden für uns in Blankenese vorbei«.

abtrocknen, ich will trocken sein. Ich hätte ruhig länger in ihr bleiben können, denke ich. Ich weiß nicht, warum ich ihre Kälte gefürchtet habe. Denn es war nicht die Kälte, sondern die Angst vor ihr, die mich so schnell wieder an Land gehen ließ.

Elbtagebuch – 6. November

Der Himmel ist unentschieden, was für einen Tag er machen soll – noch ist er dunkelgrau mit lichten Hoffnungsschimmern drin. Ich laufe längs der Elbe und blicke lange auf die Oberfläche. Das Wasser ist unruhig. Es schimmert. Es glänzt. Es lockt. Es läuft schon ab, steht aber noch hoch, nur einen Meter unterm Saum. Ich weiß, dass es kalt ist, vielleicht 14 Grad, schätze ich. Vom Laufen ist mir warm geworden. Ich ziehe mich aus und lasse die Wellen, die das Hadag-Fährschiff gemacht hat, über meine Füße laufen. Wie oft habe ich mich in diesem Sommer von Schiffswellen wiegen lassen, habe mich tragen lassen, für einen Moment, in dem die Zeit stehen bleibt und einen

Am Blankeneser Strand warnen im Sommer 1956 Schilder davor, in der Elbe zu baden

für sich sein lässt. Für einen Moment gibt es dann keine Vergangenheit, keine Zukunft, keine Gegenwart, die Wellen entheben mich des Zeitlichen und auch der Schwerkraft. Der Schwere des Seins. Das Gewiegtwerden hat etwas Tröstendes, so fühlen sich vielleicht Kinder, die in der Wiege liegen und geschaukelt werden.

Elbtagebuch – 7. November

Wann immer ich im November in der Elbe schwimme, denke ich: Das war jetzt das letzte Mal in diesem Jahr. Ich denke es, ich fürchte es und will es nicht wahrhaben.

– 8. November

Ich jogge in den Dunst des Morgens. Ich laufe die Treppen von Blankenese hinunter zum Strandweg, überquere die Straße, laufe über den Sand ans Ufer der Elbe und an ihr entlang. Ich laufe am Leuchtturm vorbei, am Strand, am Bootshaus, am Wrack

»Nicht nur wegen der damit verbundenen tückischen Gefahren durch Strömung und Strudel«, heißt es in der *Blankeneser Monatsschrift* im Juli/August 1954, »das Wasser der Elbe ist in einem Maße verseucht, daß selbst das Waten gelegentlich schon lebensgefährliche Folgen haben kann. Diese Tatsache scheint sich noch nicht herumgesprochen zu haben, nicht nur, daß es immer zahlreiche Ausflügler gibt, die sich in die Brühe stürzen, nicht nur, daß am Blankeneser Ufer die meisten Badeunfälle vorkommen und die Deutsche Lebensrettungsgesellschaft gerade hier ihre besten Kräfte ständig einsetzen muß, man hört auch in den Debatten um ein Schwimmbad in Blankenese immer wieder den Einwand: Was wollt Ihr denn damit, wo Ihr die Elbe vor der Tür habt!« Die Blankeneser kämpften nämlich schon seit einiger Zeit um ein Freibad, für das sogar schon Pläne vorlagen – die Elbe kam für sie als Freibad nicht mehr infrage. Auch zukünftig nicht. Darum wollten sie Gelder zum Bau eines Freibades. Die Elbe geriet in den 1950ern als Freibad mehr und mehr in Vergessenheit.

Seitdem Strandbäder an der Elbe eingerichtet worden waren, gab es immer Stimmen, die vorm Baden in der Elbe warnten. Die einen hatten moralische Bedenken und betrachteten das Baden in der Öffentlichkeit als unsittlich, andere fanden, dass das Baden nicht nur gefährlich sei, sondern auch gesundheitsgefährdend. Menschen gingen trotzdem in der Elbe schwimmen, zu allen Zeiten, an vielen Uferstellen von Hamburg.

Wenn man heute sagt, die Elbe sei so sauber wie vor hundert oder zwei-

vorbei bis zum alten Wasserwerk. Ich wende, kehre um und gehe denselben Weg in die aufgehende Sonne hinein. Das Wasser ist aufgelaufen, es schwappt an manchen Stellen über den Gehweg auf den Sand. Wann immer die Elbe so überschwänglich ihre Ufer überschwemmt, sich noch einen Streifen Land für ein paar Minuten nimmt, ahnt man die Urgewalt, die in diesem Fluss steckt. Es riecht nach modrigen Pappelblättern. Es riecht nach Herbst. Es riecht nach Abschied. Kurz hinter dem Leuchtfeuer lege ich meine Sachen auf die Steine und gehe ohne zu zögern ins Wasser. Ein paar Bretter liegen im Uferwasser, fast sieht es aus, als habe ein Schiff seine Ladung verloren. Ich tauche in Wasser und schwimme. Ich sehe ein großes Containerschiff, es zieht an mir vorbei – langsam wie in Zeitlupe. Seine Wellen tragen mich zurück ans Land. Meine Haut ist eiskalt, ich ziehe mich an und laufe nach Hause.

Spaziergänger, Hunde und Kinder am Strand von Wittenbergen im Jahr 1986: Höchstens bis zu den Knien gingen da die meisten ins Wasser

hundert Jahren, dann ist das eigentlich keine Auszeichnung. Denn damals kämpften die Hamburger mit einem schmutziger werdenden Flusswasser, weil nach der Einführung des Wasserklosetts die Abwässer direkt in die Elbe geleitet wurden, ohne vorher geklärt zu werden. Dementsprechend belastet war die Elbe. Die ersten Klosetts wurden um 1810 installiert, bereits um 1840 war die Abwasserbeseitigung ein dringliches Problem geworden. Die Sickergruben erwiesen sich als zu klein, um auch das Spülwasser der Klosetts aufnehmen zu können. Schließlich entwarf der Ingenieur William Lindley in der zweiten Hälfte des 19. Jahrhunderts eine zentrale Trinkwasserversorgung und ein modernes Sielsystem, das bis heute als technische Meisterleistung gilt, im Zweiten Weltkrieg jedoch zerstört worden war. Erst in den 1960er Jahren waren Sielsysteme und Klärwerke wieder saniert.

Und so badete in den 1960er Jahren kaum noch jemand in der Elbe, und immer wieder werden Geschichten überliefert wie von dem Paddler, der ins Wasser fiel und angeblich an Typhus erkrankte. »Die Menschen sind scharenweise zur Elbe gewandert, aber gebadet hat niemand mehr«, sagt die Nienstedtenerin Ingeborg Graaf. Schilder am Strand verboten das Baden in der Elbe ausdrücklich. Das Gesundheitsamt hatte aus hygienischen Gründen Bedenken gegen das Schwimmen: Es wurde ein offizielles Badeverbot ausgesprochen.

Bis zur Wende 1989 wurde die Elbe immer schmutziger – die Betriebe und Kommunen in der Tschechoslowakei und der DDR hatten ihre Abwässer direkt in die Elbe geleitet. Selbst als das Hochwasser von 2002 die nicht sanierten Giftkippen des ehemaligen DDR-Chemiestandortes Bitterfeld überschwemmte, spülten auf diesem Weg fast fünfzehn Jahre später Altlasten in

Elbtagebuch – 9. November

Ich laufe am Ufer lang, und die Elbe lockt mich bei nur ein paar Grad über Null. Die Sonne scheint aus dem blauen Himmel aufs Wasser, das gerade seinen letzten Dunst frei gibt. Es sind kaum Menschen unterwegs. Nicht einmal Hundebesitzer. Die Elbe fließt. Sie kommt und geht. Gleichgültig, ob die Menschen in ihr baden oder nicht, ob sie Kriege führen oder nicht. Hier in Hamburg wird aus dem Fluss die See. Aber bis zum Meer sind es noch fast hundert Kilometer. Ich laufe weiter und gehe nicht ins Wasser. Aber bald wieder. Im April. Oder im Mai. So wie jedes Jahr.

Elbtagebuch – 1. Mai

Es ist kühl. Wie fast jedes Jahr am 1. Mai. Warum nur ist dieser Tag in unserer Vorstellung warm und sonnig? Ich wollte heute anschwimmen. So wie ich es schon manchmal tat und manchmal nicht.

– 2. Mai

Es ist kühl und sonnig. Und es ist jedes Jahr derselbe Widerspruch. Über die langen, dunklen Wintermonate sehne ich den Mai ungeduldig herbei – und dann ist er da, und ich zögere, in der Elbe zu schwimmen. Sie ist noch sehr kalt.

die Elbe, deren Rückstände kaum abbaubar, aber beim Schwimmen im Fluss nicht gesundheitsschädlich sind.

Neumühlen 1997: Die Elbe ist wieder sauber. Kinder spielen unbekümmert in der Brandung

Aber sogar heute können diejenigen, die den Fluss aus der Vorwendezeit kennen, nicht glauben, dass er wieder sauber sein soll. Das Wasser hat Badequalität, allein die Hamburger zögern, es zu glauben. Vielleicht auch, weil die Elbe so trüb aussieht, was aber nichts über die Sauberkeit des Wassers aussagt, sondern durch Schwebstoffe erzeugt wird, die auch durch die Tide aufgewirbelt werden und die Sichttiefe auf maximal einen Meter reduzieren. Dass »nicht klar« aber nicht »schmutzig« bedeutet, wollen viele nicht wahrhaben und lassen sich durch den optischen Eindruck täuschen. Dabei sind seit 1990 entlang der Elbe mehr als 240 große kommunale Kläranlagen entstanden, 61 davon in Tschechien. Damit verfügen jetzt alle Gemeinden mit mehr als 20 000 Einwohnern im Einzugsgebiet der Elbe über moderne Kläranlagen. Es gibt inzwischen wieder 101 Fischarten in der Elbe, auch der Lachs ist wieder heimisch geworden. 1992 waren es nur 50 Arten, in den 1980er Jahren an der mittleren Elbe sogar nur 26 Arten. Seit 1989 ist die Schmutzbelastung der Elbe um fast 70 Prozent gesunken. Chlorkohlenwasserstoffe, Quecksilber und andere Gifte wurden um 98 Prozent verringert.

Trotzdem trauen sich nur langsam wieder mehr Menschen in die Elbe: an heißen Sommertagen an die schönen Sandstrände, die oft immer noch an den historischen Badestellen liegen: in Wittenbergen, Blankenese, Oevelgönne oder Wilhelmsburg. Offizielle Badestellen gibt es an der Hamburger Elbe zurzeit nicht. Würde die Stadt Badestellen ausschreiben, wäre sie für die Badeaufsicht verantwortlich und müsste Duschen und Toiletten einrichten und unterhalten. Außerdem müssten die EU-Richtlinien über die Qualität für Badegewässer eingehalten werden, was bei einem Fluss wie der Niederelbe schwierig ist, weil ein fließendes Gewässer einer starken Dynamik unterliegt. Das heißt, die gemessenen Werte unterliegen großen Schwankungen, starke Regenfälle können zum Beispiel die bakteriologische Konzentration rasch erhöhen. Deshalb werden nur wenige Flüsse in Deutschland als EU-Badegewässer ausgewiesen. Trotzdem ist die DLRG (Deutsche Lebens-Rettungs-Gesellschaft) an drei Stellen an der Hamburger Elbe mit Wasserrettungsstationen präsent: am Finkenrieder Hauptdeich an der Süderelbe, am Falkensteiner Ufer und in Wittenbergen. Die Stationen sind von Mai bis September an den Wochenenden besetzt, weil dann vermehrt Menschen an die Elbe kommen, um das wieder saubere Wasser zu genießen. Doch es wird noch eine

9 2 1

(siehe Karte S. 94/95)

Beim Elbe-Badetag 2002 trauten sich viele Hamburger und Gäste, in Wittenbergen in der Elbe ein Bad zu nehmen

Weile brauchen, bis sich der schlechte Ruf der Elbe bessert und die Geschichten der Nachkriegszeit nicht mehr nachwirken.

Die Elbe könnte wieder Badegewässer werden, Erholungsraum und Freizeitgebiet – und das nicht nur am Ufer. Mit Aktionen wie dem Elbe-Badetag, der 2002 und 2005 von der Quelle bis zur Mündung an der Elbe und entsprechend auch an anderen europäischen Flüssen gefeiert wurde, wird versucht, den Fluss wieder ins Bewusstsein der Menschen zu bringen – die Elbe als neuen, alten Badeort.

Elbtagebuch – 3. Mai

Die Sonne scheint warm in den Morgen. Die Elbe ist so blau wie das Meer im Hochsommer. Kleine weiße Schaumkronen kräuseln sich auf ihrer Oberfläche. Der Wind kommt aus Osten, und die Elbe liegt breit in ihrem Frühlingsbett, gesäumt von grünenden Weiden und Kirschblütenblättern, die sich zwischen den Ufersteinen gesammelt haben. Sie riecht nach Weite, nach Freiheit. Ich gehe langsam die rauen Steine der Bootsrampe am Blankeneser Strandweg hinunter und weiter ins Wasser. Ich will nicht mehr und wieder und wieder davon erzählen, wie kalt die Elbe an diesem Morgen ist, nämlich eiskalt, gefühlte sechs, sieben Grad, aber tatsächlich vielleicht zwölf oder dreizehn? Nein, ich will noch ein letztes Mal beschreiben, wie schön die Elbe ist, wenn man in ihr schwimmt. Ihre Schönheit vervielfacht sich auf diese Weise. Weil ich sie so mit allen Sinnen spüre. Natürlich dominiert ihre Kühle, sie bestimmt, dass ich heute nur kurz eintauche, ein, zwei halbherzige Züge schwimme und wieder in den warmen Sonnenschein flüchte. Und doch den morgigen Tag kaum erwarten kann – in der Hoffnung, dass ihr Wasser ein wenig wärmer geworden ist.

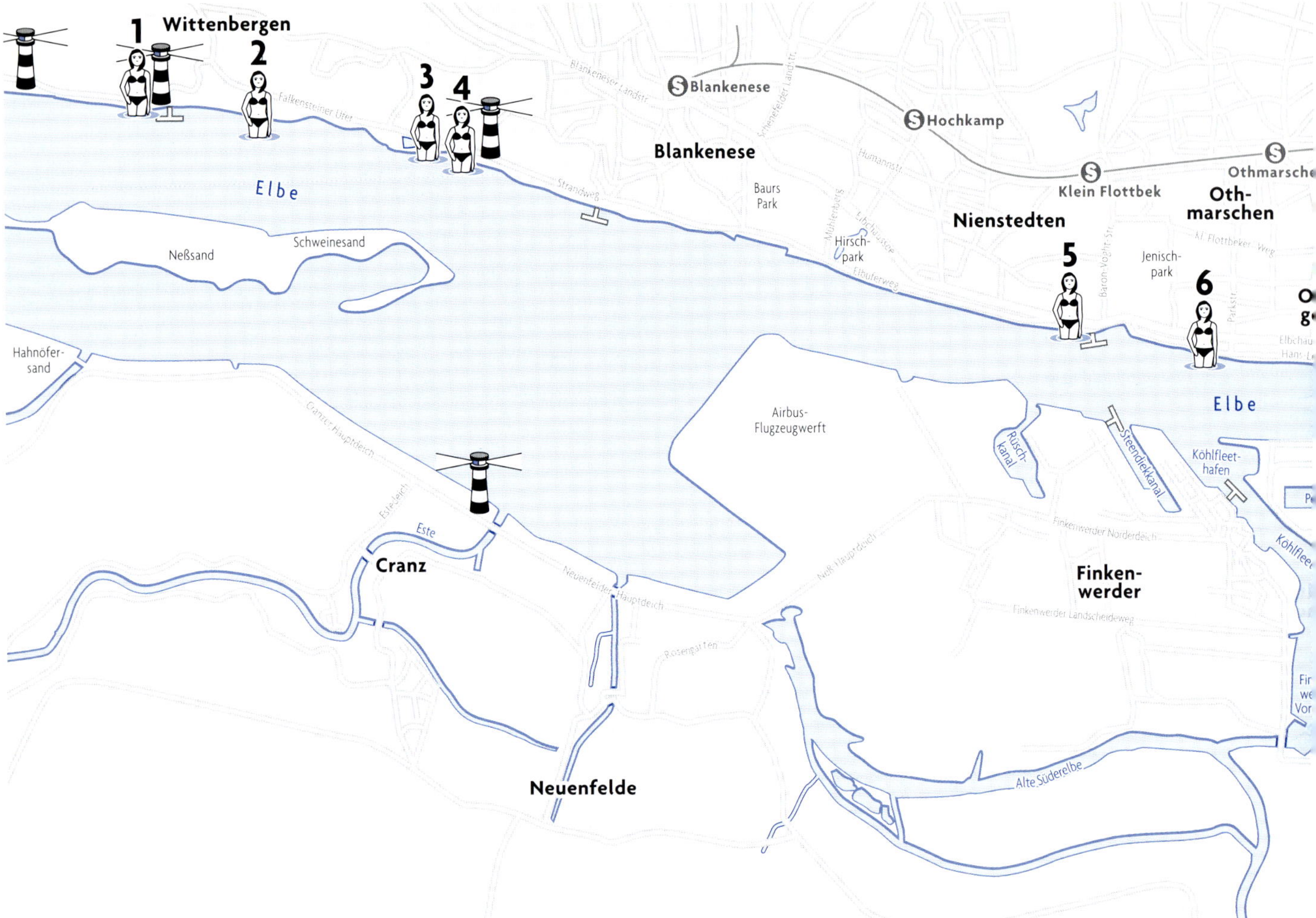

Strandbad Hamburg heute

Auch heute gibt es im Stadtgebiet von Hamburg wieder Uferplätze, an denen gebadet wird: von Wittenbergen über Wilhelmsburg bis Rothenburgsort. Die meisten Schwimmer bevorzugen Sandstrände, die den Weg in die Elbe erleichtern.

Heutige Badestellen

1 Wittenbergen
2 Falkensteiner Ufer
3 Schiffswrack Blankenese
4 Strand Harmstorf, Blankenese
5 Strand beim Anleger Teufelsbrück
6 Weidenstrand Othmarschen
7 Alter Schwede, Oevelgönne
8 Strand Neumühlen
9 Entenwerder
10 Finkenrieder Hauptdeich

Leuchtturm
Anlegestelle
0 0,5 1,0 km

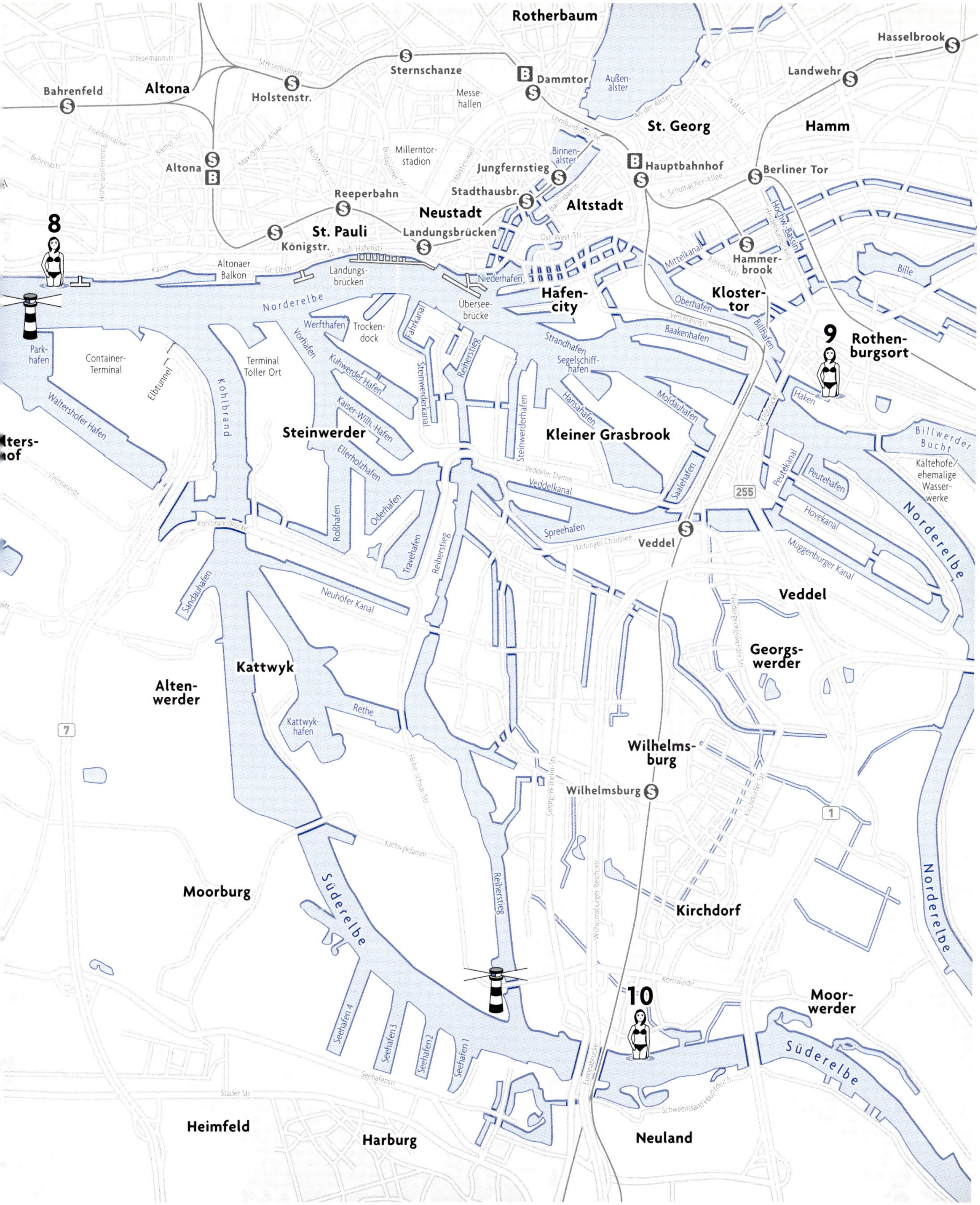

Rotherbaum
Hasselbrook
Landwehr
Sternschanze
Dammtor
Außen-alster
Bahrenfeld
Altona
Holstenstr.
Messe-hallen
St. Georg
Hamm
Millerntor-stadion
Binnen-alster
Altona
Jungfernstieg
Hauptbahnhof
Berliner Tor
Reeperbahn
Stadthausbr.
Neustadt
Altstadt
8
St. Pauli
Königstr.
Landungsbrücken
Hammer-brook
Altonaer Balkon
Landungs-brücken
Niederhafen
Hafen-city
Kloster-tor
Norderelbe
Übersee-brücke
Oberhafen
Bille
Werfthafen
Trocken-dock
Baakenhafen
9
Rothen-burgsort
Park-hafen
Container-Terminal
Terminal Toller Ort
Strandhafen
Segelschiff-hafen
Elbtunnel
Köhlbrand
Vorhafen
Kuhwerder Hafen
Reiherstieg
Hansahafen
Moldauhafen
Haken
Waltershofer Hafen
Steinwerder
Kaiser-Wilh.-Hafen
Kleiner Grasbrook
Billwerder Bucht
Ellerholzhafen
Steinwerderkanal
Steinwerderhafen
Saalehafen
Peutekanal
Peutehafen
Kaltehofe/ ehemalige Wasser-werke
Veddelkanal
255
Oderhafen
Roßhafen
Hovekanal
Norderelbe
Köhlbrandbrücke
Spreehafen
Veddel
Travehafen
Reiherstieg
Müggenburger Kanal
Sandauhafen
Neuhöfer Kanal
Veddel
Georgs-werder
Kattwyk
Alten-werder
Rethe
Kattwyk-hafen
7
Wilhelms-burg
Wilhelmsburg
1
Kattwykdamm
Süderelbe
Reiherstieg
Moorburg
Kirchdorf
Norderelbe
Moor-werder
10
Süderelbe
Seehafen 4
Seehafen 3
Seehafen 2
Seehafen 1
Seehafenstr.
Stader Str.
Heimfeld
Harburg
Neuland

Elbschwimmer: Fünf Porträts

Sie führen ein diskretes Dasein, man sieht sie selten, und wenn, dann zufällig und meistens weit entfernt von den belebten Uferplätzen. Fast scheint es, als scheuten sie die Gesellschaft und das Licht, welches offenbart, was sie so leidenschaftlich tun: in der Elbe schwimmen. Sie tun es nicht heimlich, aber auch nicht öffentlich. Sie tun es nicht nur in der Dämmerung, aber auch nicht gut sichtbar am helllichten Tag. Elbschwimmer haben ihre kleinen Geheimnisse: wo sie am liebsten schwimmen und zu welcher Tageszeit. Sie entwickeln Gewohnheiten, die im Lauf der Jahre zu Ritualen werden. Angewohnheiten gehören dazu, ohne ein Gleichmaß gerät das Flussschwimmen, der Grenzgang zwischen Wasser und Land, aus der Wucht. Das Schwimmen in der Elbe braucht einen individuell geschaffenen Rahmen. Deshalb begegnet man Elbschwimmern selten, deshalb lösen sie auch heute noch großes Erstaunen, Ungläubigkeit oder Bewunderung aus, wenn sie sich als solche zu erkennen geben. Nach wie vor sind sie Einzelgänger, Individualisten allemal. Die porträtierten Elbschwimmer haben mir ihr Vertrauen geschenkt – vielleicht, weil ich eine von ihnen bin. Vielleicht aber auch, weil es schön sein kann, über das Schwimmen in der Elbe, über dieses sehr sinnliche Vergnügen zu sprechen. Es ist nämlich ein einsames Dasein im Fluss. Im Wasser ist jeder für sich, im Fluss noch mehr, weit weg von anderen. Der Fluss macht einen stumm, Worte gelten nicht mehr, die Stimme erstickt, die Ohren werden taub. Im Fluss beginnt der Mensch zu fühlen, die Haut ist nun das Sinnesorgan, das erlebt und empfängt, das spürt und den Genuss des Flussschwimmens ausmacht.

Jeder Elbschwimmer genießt auf andere Weise:

Britta Kunft ist eine Schönwetterschwimmerin, die mehr badet, als dass sie schwimmt, die sich in der Elbe getragen und geborgen fühlt. Die Elbe ist für sie wie ein ausgelagertes Wohnzimmer, in dem sie nicht Sport treibt, sondern sich entspannt und vergnügt. Gralf Michael, der Naturschwimmer, sucht ähnlich wie sie die Strandromantik. Er genießt Sonnenuntergänge und die Kraft der Strömung – der Fluss ist ihm Ruhepol und Energiezentrum.

Rike Marks dagegen sucht das rauschhafte, prickelnde Gefühl der Freiheit, das die Elbe Schwimmern schenken kann. Die Künstlerin fühlt sich leicht und fließend, wenn sie schwimmt. Sie wohnt direkt an der Elbe und hat das morgendliche Bad zum Ritual gemacht.

Auch der Journalist Wolfram Runkel lebt am Fluss. Er hat über viele Jahre einen Schwimmstil entwickelt, der ihn komfortabel vorwärts bringt: das Passivschwimmen, bei dem er sich mit der Strömung treiben lässt, je nach Tide elbab- oder aufwärts. Anfangs war es ihm peinlich, beim Schwimmen entdeckt zu werden, und auch heute noch fürchtet er manchmal, als Verrückter angesehen zu werden. Das ist Axel Siemonsen völlig egal, er schwimmt, weil er sich nirgends mehr spürt als in der Elbe – seine Schwimmausflüge sind kleine Fluchten aus dem Alltag. Der Architekt sucht sich Ziele, am liebsten Elbinseln, die er anschwimmen kann und die das Schwimmen zum Abenteuer werden lassen. Er sehnt sich nach Stille und Einsamkeit, nach dem Fernen und Unbekannten am jenseitigen Ufer.

Die Genussschwimmerin

Beim ersten Mal hatte Britta Kunft noch Hemmungen, in die Elbe zu gehen, weil sie auf den ersten Blick ein so trüber Fluss ist. Aber das Phänomen von Ebbe und Flut reizte sie. »Es ist wunderschön, mitten in der Stadt die Gezeiten des Meeres zu erleben und die dadurch entstehenden Strömungen des Wassers beim Schwimmen zu spüren.« Am liebsten geht die 37-jährige Journalistin, die 2002 von Bielefeld nach Hamburg kam, im Hochsommer in die Elbe, dann, wenn es richtig heiß ist. Sie ist eine Schönwetterschwimmerin, sie will das Schwimmen genießen. Sie mag die Erfrischung im Wasser nach einem heißen Sonnenbad, das kühle Nass nach einem langen Arbeitstag. Elbschwimmen ist für sie kein Sport, sondern Wellness. Nicht Anstrengung, sondern Vergnügen und Entspannung.

»Ich kann mich im Fluss nicht auf eine sportliche Leistung einlassen«, sagt sie, »in der Elbe bin ich mit dem Fluss beschäftigt, ich denke nicht daran, wie weit und wie lange ich schwimme. Ich habe genug mit meinen Ängsten zu kämpfen.« Vor Treibgut hat die sportliche Frau zum Beispiel Angst und vor Fischen. Es sind aber auch diffuse Ängste. »Ich habe das Gefühl, ich könnte von irgendwelchen Kreaturen angegriffen werden.« Selbst bei klarem Wasser. Es ist eine Urangst, die sie spürt, nicht nur in der Elbe, in jedem Wasser, auch im Freibad. Dabei weiß Britta Kunft viel über Fische und ihren Lebensraum, sie hat für den Norddeutschen Rundfunk ein paar Dutzend Berichte über die Elbe gedreht.

»Wenn ich in der Elbe schwimme, fühle ich mich wie in einem Raum, in einem Aquarium. Ich bin Teil des Flusses. Ich stelle mir Fische vor, vor allem Aale, Wollhandkrabben und Meerneunaugen. Ich stelle mir ihre Bewegungen und Wanderungen vor. Ich wäre gern mal ein Fisch – sie spüren mit ihren Sinneszellen jede Strömung.« Und trotzdem gibt es diese Ängste, »vielleicht auch weil Wasser für alles Unergründliche steht«, so die Schwimmerin.

Die Elbe gehört zum Leben von Britta Kunft. Die Elbe ist ihr Wohnzimmer, sagt sie. Und das war von Anfang an so – seitdem sie in Hamburg lebt. An schönen Sommertagen fällt die Entscheidung für ein Flussbad oft spontan, dann lässt sie die Arbeit kurzerhand liegen, und dann ist schon der Weg mit dem Fahrrad von Ottensen, wo sie wohnt, an die Elbe hinunter ein Sichzuhausefühlen.

Sie radelt die Elbchaussee entlang und biegt irgendwann zur Elbe ab – selten schon in Oevelgönne, dort ist bei gutem Wetter zu viel Trubel am Strand, am liebsten schwimmt sie weiter westlich zwischen der Elbkate von Othmarschen und Teufelsbrück. Dort bei den tief hängenden Weiden erstreckt sich ein weißer, breiter Strandstreifen, der auch an der Ostsee liegen könnte. Rechts und links davon befestigen Steine das Ufer, die den Weg ins Wasser erschweren. Der Weidenstrand jedoch fällt sanft zum Fluss ab, während im Rücken dichtes Weidengestrüpp vor Wind und Blicken schützt.

6

Die Schwimmer-Symbole zeigen an, wo die im Text genannte Badestelle auf der Karte Seite 94/95 zu finden ist.

Der Sand ist ihre Sofalandschaft, die Elbe ihre Badewanne – hier fühlt sich Britta Kunft zu Hause, hier kennt sie sich aus und weiß um die dicken Steine unter Wasser, um Böschungen und Strömungsverhältnisse. Vor der Strömung hat sie keine Angst. Sie zu spüren ist gut. Sie ist die Kraft des Flusses. In ihr zu liegen und sich mit ihr treiben zu lassen gibt ihr ein Gefühl von Getragenwerden, von Geborgenheit. Am liebsten schwimmt Britta Kunft bei auflaufendem Wasser – dann ist der Strand nur noch halb so breit, dann verschwinden auch die Steine unter Wasser. Aufgeregt wie ein Fohlen springt die Westfälin in die Elbe und taucht erst einmal unter. Danach schwimmt sie los, bleibt aber immer in Ufernähe, wo sie sich sicher fühlt und jederzeit zurückkann. Die großen Pötte, die Containerschiffe, flößen ihr Respekt ein. Ihren Sog und Schwell spürt man im Wasser stark. Wenn die Pötte Wellen erzeugen, mag Britta Kunft das und freut sich an der meerigen Bewegung des Wassers.

Britta Kunft ist eine trainierte, sichere Schwimmerin, doch in der Elbe belässt sie es beim gemütlichen Brustschwimmen. Parallel zum Ufer schwimmt sie zunächst ohne große Anstrengung gegen die Strömung und genießt dabei die Landschaft – die weidenbestandene Uferböschung, den lang gestreckten Strand, den bewaldeten Elbhang. Bevor es ihr im Wasser zu kalt wird, lässt sie sich mit der Strömung wieder zur Einstiegsstelle zurücktreiben. Manchmal schwimmt sie auch nachts, dann sind nichts als die Sterne und der Himmel und bisweilen der Mond über ihr, und es ist ganz still, wenn keine Wellen heranbranden. »Das kann fast etwas unheimlich sein«, sagt sie, »aber ich genieße die beleuchtete Hafen-Skyline. Sie sieht in der Dunkelheit noch schöner aus als am Tag.« Wenn sie nachts schwimmen geht, kommt oft eine Freundin mit, dann machen sie ein Feuer am Strand und rösten Brot und Kartoffeln. Vom Wasser aus sehen sie die Flammen, die dann helfen, nicht die Orientierung zu verlieren. Denn wenn keine Straßenlaterne, keine Lampe brennt, sieht das Ufer vom Wasser her bald überall gleich aus. Das Feuer aber ist Fixpunkt. Dort ist es warm und heimelig.

Die Journalistin liebt die Elbe mit allen Sinnen. Nach dem Schwimmen fühlen sich Haut und Haare besser an, findet sie, weich und natürlich, eincremen sei nicht nötig. »Und überall klebt der Elbesand. Das ist schön. Es ist ein heller, weißer Sand. Das Wasser riecht sehr gut, nicht fischig, aber doch nach Fischen, das mag ich.«

Ein Leben ohne die Elbe kann sich Britta Kunft nicht mehr vorstellen. Sooft es geht, ist sie an der Elbe. Sie muss aber nicht unbedingt schwimmen. Schön sei es auch, einfach nur am Strand zu liegen und auf das Wasser zu schauen. »Wann immer ich zur Elbe komme, hat sie ein anderes Gesicht, manchmal liegt das Ufer nackt da, bei Wind schlagen die Wellen hoch, im Winter treibt Eis auf dem Fluss. Es ist immer anders. Ich kann mich daran nicht satt sehen.«

Der Passivschwimmer

Er ist Passivschwimmer – und hat auch nichts dagegen, dass man ihn so charakterisiert. Passivschwimmer schwimmen mit der Strömung, sie treiben. Wolfram Runkel hat die Kunst des Passivschwimmens zur Perfektion gebracht. Knapp einhundert Kilometer vor ihrer Mündung strömt die Elbe flussauf- und -abwärts, mal zum Meer hin, mal aus ihm heraus in die Stadt hinein. Das tut sie bis nach Geesthacht. Früher einmal, vor dem Bau der großen Schleuse, war die Tide sogar bis nach Lauenburg spürbar.

Wolfram Runkel lebt in Oevelgönne im ersten Stock eines hübschen Hauses mit Blick auf die Elbe. Er hätte sich keinen besseren Standort am Fluss wählen können, weil er so in zwei Richtungen treiben kann – je nachdem, welche Tide gerade ist, gleitet er mit dem Wasser nach Westen oder gen Osten.

Barfuß und nur mit Badehose bekleidet, geht er von seinem Garten aus zum Strand und dann bei ablaufendem Wasser elbaufwärts bis zu der halbrund geschwungenen Sandbucht von Neumühlen. Dort steigt er ins Wasser und treibt mit dem Strom bis zur »Strandperle«. Hier entsteigt Runkel dem Wasser und wandert wieder am Strand lang bis zu seinem Haus, das ungefähr auf der Hälfte seiner 600 Meter langen Treibstrecke liegt, für die er gut zehn Minuten braucht. Läuft das Wasser auf, wandert er in Badehose zur »Strandperle« und lässt sich in Richtung Stadt treiben, um am Strand von Neumühlen aus dem Wasser zu gehen und von dort wieder nach Hause zu laufen. So einfach ist Passivschwimmen.

Direkt unterhalb seines Gartens steigt er ungern ins Wasser, dort liegen dicke Steine, und »man muss so kraxeln, um ins Wasser zu kommen«, sagt der 68-Jährige, das ist ihm zu mühsam und auch nicht ganz ungefährlich. Der Komfort beim Schwimmen ist Wolfram Runkel sehr wichtig. Jeder komplizierte Angang stört den Genuss. Im Wasser legt er sich auf den Rücken, lässt sich treiben und guckt in den Himmel. Kraulen mag er nicht, das ist unromantisch, findet er, aber wenn es ihm dann doch mal zu langsam fließt, vielleicht weil die Strömung zu schwach oder das Wasser gerade aufgelaufen ist, dann krault er doch, aber nur in Rückenlage! Ein bisschen Genuss muss schon noch sein. »Bei guter Strömung saust man in der Elbe richtig am Ufer lang. Dann bin ich schneller als die Fußgänger, die bestimmt staunen, wie schnell ich schwimmen kann!«

Wenn der Journalist, der viele Jahre als Reporter für das *ZEITmagazin* gearbeitet hat, mit dem Strom treibt, schwimmt er nicht sehr nah am Ufer, sondern sicherlich vierzig, fünfzig Meter weit entfernt davon. Bleibt er dabei wenigstens innerhalb der Stacks? Stacks? Kennt er nicht. Stimmt, in Oevelgönne gibt es so etwas nicht. Hier sind die Ufer gerade gebaut und mit dicken, schwer begehbaren Steinen befestigt, ohne dass in den Fluss hineingebaute Stacks die starke Strömung verlangsamen. »Ich schwimme am liebsten an diesem Typen vorbei«, sagt er nun fast trotzig und meint damit die Balkenhol-Figur aus Holz, die in den Sommermonaten am Grund der Elbe verankert ist, »ich merke keine Strömung in die Fahrrinne rein.« Aber etwas verunsichert ist er nun doch. »Die Leute sagen, man solle bei auflaufendem Wasser schwimmen. Das sei ungefährlicher und frischer.« Noch frischer? Seit einigen Jahren schwimmen wieder über einhundert Fischarten in der Elbe. Sogar der Lachs. Wolfram Runkel kann es kaum glauben. Auch davon hat er noch nichts gehört. Ob das Elbwasser nun aber sauber oder nicht so sauber ist, er hat sich in jedem Fall für die Dusche danach entschieden. Das sei eine dringende Empfehlung der Umweltbehörde, dort hat er sich vor ein paar Jahren mal informiert.

Nach starkem Regen, wenn die Siele überlaufen, rieche das Wasser manchmal, sagt er, »und dann gehe ich nicht rein«. Einmal habe er eine ganze Ladung Wasser geschluckt und damit gerechnet, dass er abends Bauchweh bekäme. Aber es passierte nichts. Ihm ging es wunderbar. Kein Durchfall. Kein Erbrechen. Sollte das Elbwasser doch sauberer sein, als er geglaubt hat? So ganz leicht lässt sich der Passivschwimmer nicht überzeugen. »Unangenehm ist es ja schon, was da so alles in der Elbe rumschwimmt: Plastik, Müll, ekelhafte alte Möbelstücke, was weiß ich nicht alles …« Mehr fällt ihm nicht ein. Ruhig fließt die Elbe im Nieselregen flussaufwärts, kein Müll, keine Möbel, kein Plastik. Es ist still. Nur der Regen ist zu hören und erzeugt auf der Wasseroberfläche ein feinteiliges Muster. »Manchmal schäumt das Wasser ja auch«, wagt Runkel dann noch einmal einen Vorstoß, »da bilden sich so Bläschen. Manchmal ist das etwas unappetitlich.« Er guckt wieder auf den Fluss und sieht keine Bläschen. Auch keine toten Fische. »Das ist ja ein gutes Zeichen«, sagt er dann, »im Rhein habe ich als Kind viele tote Fische gesehen. Na ja, ich glaube ja auch, dass das Wasser ganz okay ist.«

Doch das alles, was Wolfram Runkel, der am Rhein bei Duisburg-Rheinhausen groß geworden ist, zu riechen und zu sehen meint in der inzwischen wieder so sauberen Elbe, das nimmt er gern in Kauf. Er hat eine große Sehnsucht nach Wasser und danach, in ihm zu schwimmen. Früher tat er das regelmäßig in einem kleinen See im Norden von Hamburg, in Hummelsbüttel, nach seinem Umzug an die Elbe jedoch, 1996, fährt er nur noch selten dorthin. Trotzdem hat er sein Herz an diesen See mit seinen Libellen verloren. Das Seewasser sei so klar und rein. Aber egal, ob See oder Fluss: Die Berührung mit Wasser weckt in ihm Wohlbefinden. »Das Wasser umschmeichelt den Körper und die Haut, und es kühlt schön ab«, sagt er und geht am liebsten bei Hitze in die Elbe. Anfang Oktober ist dann meistens Schluss. »Als heiß empfinde ich es, wenn ich im T-Shirt draußen sitzen kann, dann kriege ich Lust aufs Wasser.« Lieber würde er wie in dem See auch in der Elbe nackt schwimmen. »So eine Badehose ist furchtbar, vor allem diese schlottrigen Männerhosen. Aber ohne Badehosen geht das hier an der Elbe nicht«, sagt er. Ein sinnliches Vergnügen sei das Flussschwimmen trotzdem und ein sportliches sowieso. »Ich denke immer, dass mein Elbschwimmen nicht schaden kann. Schwimmen ist ja gesund. Und beim Schwimmen spüre ich mich ganz anders – die Arme, die Muskeln, die Füße, die ins Wasser stoßen.«

Das erste Mal ist er 1958 als Soldat in Blankenese in der Elbe geschwommen. »Das war schön. Aber damals war das, glaube ich, ganz normal, in der Elbe zu schwimmen.« Sonntags, wenn die Wehrpflichtigen frei hatten, gingen sie an den Strand von Wittenbergen. »Dann lagen wir im Sand und hatten auch manchmal Mädchen dabei und sind zusammen schwimmen gegangen. Wenn ich das Wasser damals als schmutzig empfunden hätte, wäre ich sicherlich nicht reingegangen.« Ein paar Jahre später, 1965, kehrte er nach dem Studium nach Hamburg zurück. Aber erst Anfang der 1980er Jahre, als er Reporter bei der *ZEIT* war, entdeckte er die Elbe wieder. Die Redaktion feierte eine

Strandparty, und um Mitternacht ging er reichlich angetrunken in die Elbe – und schwamm ziemlich weit raus. »Ich wollte gar nicht mehr raus aus dem Wasser. Ich fand es wunderbar.« Trotzdem blieb ihm die Elbe fern, der See lag ihm nicht nur wohnlich näher. »Außerdem war das Elbwasser zu dem Zeitpunkt noch sehr schmutzig.« 1996 suchte er eine Wohnung, und als er die an der Elbe entdeckte, da dachte er gleich, dass er im Fluss schwimmen könne. Gleich im ersten Sommer passierte es auch.

Anfangs war es ihm peinlich. Runkel dachte, Spaziergänger und Sonnenbadende glauben, er sei »so ein Naturmensch oder Verrückter«. An heißen Tagen fällt es ihm leichter, weil dann Kinder und manchmal auch Erwachsene im Wasser planschen.

Wie wird man überhaupt Passivschwimmer? »Irgendwann habe ich entdeckt, dass ich die Strömung nutzen kann. Ich fing an, mit dem Wasser zu schwimmen. Es ist schöner, sich mit dem Wasser als gegen seine Kraft zu bewegen, weil man dann mehr Teil vom Wasser ist.« Bevor er das Haus verlässt, guckt er in keinen Tidenkalender, sondern aus dem Fenster und sucht sich einen Fixpunkt, um nach einer halben Stunde zu sehen, ob das Wasser nun höher oder tiefer steht. Oder er guckt, in welche Richtung das Wasser strömt. Die Wasseroberfläche jedoch täuscht ihn manches Mal, je nachdem wie der Wind steht. »Wenn ich es nicht sicher erkennen kann, werfe ich ein Holzstück ins Wasser und gucke, wie es treibt.« Meistens stimmt es überein mit seiner Einschätzung. »Aber zwei- oder dreimal hat mich selbst das Stöckchen getäuscht. Und ich bin zunächst in die falsche Richtung gegangen.« Wenn er zu spät bemerkt, dass er sich in der Fließrichtung getäuscht hat, dann schwimmt er auch schon mal gegen die Strömung, aber nur die halbe Strecke bis zum Garten – und sieht die Unternehmung dann sportlich. Ansonsten bleibt er lieber auf gewohntem Terrain, darüber hinaus, beim Alten Schweden oder bei den tief hängenden Weiden von Othmarschen, ist er noch nie geschwommen – auch nicht mit der Strömung. An einer anderen Stelle im Fluss zu schwimmen interessiert ihn nicht. Obwohl er schon überall auf der Welt in Flüssen war: im Nil, Mississippi, Missouri, im Yangtse, als Student im Neckar, im Rhein und in der Ruhr, und der schönste war der Colorado.

Wolfram Runkel schwimmt gern allein, wenngleich das Passivschwimmen dafür prädestiniert ist, sich beim Schwimmen zu unterhalten: den Kopf weit aus dem Wasser und ohne Anstrengung. Doch er schwimmt selten in Gesellschaft, manchmal mit dem jüngsten Sohn, dem 13-Jährigen. Der will immer bis in die Mitte des Stroms schwimmen. »Ist vielleicht zu gefährlich«, sagt er nachdenklich. In Gefahr gekommen sei er auf der Elbe aber noch nie, aber einmal im Meer vor Indien. »Als gefährlich empfinde ich vor allem diese Schnellboote, deren Fahrer nur geil auf Tempo sind. Die fahren gerne nah am Ufer, um mit ihren Booten anzugeben. Wenn ich die sehe, mache ich rechtzeitig auf mich aufmerksam und wedele heftig mit den Armen.« Ob man seinen grauweißen Haarschopf auf der bewegten Flussoberfläche von einem Boot aus wahrnimmt?

Den Sommer über schwimmt er oft dreimal am Tag. Das erste Mal schon morgens vorm Frühstück. »Es kommt natürlich immer darauf an, wie gerade dieser blöde Wasserstand ist«, sagt er etwas unwirsch, »ich gehe nämlich ungern, wenn das Wasser sehr flach ist.« Wäre immer Hochwasser, würde er vielleicht noch häufiger schwimmen. »Wenn das Wasser flach ist, ist alles unangenehm. Dann muss ich selbst am Strand über Steine ins Wasser. Nur bei der »Strandperle« kann ich auch bei Niedrigwasser gut reinkommen. Aber das nützt mir nichts, wenn die Strömung anders fließt.« Inklusive Dusche dauert seine Elbtour dann 30 bis 40 Minuten.

Mit jedem Bad in der Elbe ist sie ihm auch näher gekommen. Inzwischen ist sie sogar ein Grund, nicht aus Oevelgönne wegzuziehen. Als er vor einiger Zeit einmal fast ausgezogen wäre, um eine billigere Wohnung zu mieten, da machte ihn der Gedanke daran, nicht mehr in der Elbe schwimmen zu können, schon schwermütig. »Allein das Gucken auf den Fluss ist toll«, schwärmt er, »die Weite tut so gut, und die Kräne sind doch was ganz anderes als Autos. Der Hafen, der ist lebendig! Durch die Containerschiffe, die nach Hongkong oder New York fahren, habe ich das Gefühl, mit der Welt verkabelt zu sein. Hamburg ist tatsächlich ein Tor zur Welt. Ich sehe die Container dahinten, die ausgeladen werden, und überlege, ob das Möbel sind oder Kinderspielzeug oder Feuerwerkskörper.« Doch fürs Schwimmen ist ihm der Hafen nicht wichtig. »Eigentlich würde ich sogar lieber ohne Hafen schwimmen. Reine Natur ist schöner. Beim Hafen habe ich immer das Gefühl, dass das Wasser nicht so sauber ist. Die Schiffe müssen nicht sein. Die Libellen auf einem See sind romantischer.«

Die Morgenschwimmerin

Geradezu unverantwortlich fände sie es, so nah der Elbe zu wohnen und sie nicht zu genießen. Und den Fluss zu genießen bedeutet für Rike Marks vor allem, in ihm zu schwimmen. Also nicht nur an ihm entlangzulaufen, an ihm zu sitzen, sondern Teil des Flusses zu sein, mitzuströmen. »Die Elbe ist für mich endlos«, sagt sie, »ich denke nicht an ihre Quelle, nicht an ihre Mündung, sondern an ihre Endlosigkeit, an ihren Weg und ihr Fließen.« Das Wasser schenkt ihr eine Leichtigkeit, die sie nur dort erlebt. Das Schweben im Fluss bedeutet für sie Freiheit.

Vor zehn Jahren hat Rike Marks die Elbe für sich und als Schwimmgewässer entdeckt. Dabei lebte die gebürtige Essenerin damals schon länger in Hamburg und seit 1989 in Blankenese. Aber erst als sie Mitte der 1990er Jahre mit Freunden nach Schweinesand hinübersegelte, nahm sie ihr erstes Bad in dem Fluss, der durch die Stadt fließt und nahe dem sie nun schon so lange lebte. Um an Land gehen zu können, musste sie mit den Freunden durchs Wasser waten. »Das Wasser war so klar, dass ich viele kleine Schnecken sehen konnte, und die sind ja bekanntlich ein Zeichen für sauberes Wasser«, erinnert sich die 46-Jährige heute. Sie folgte damals vor Schweinesand einem Impuls, fühlte sich in dem sommerwarmen Wasser so wohl, dass sie darin blieb und zum ersten Mal in der Elbe schwamm. Die Freunde schüttelten damals den Kopf, keiner der gebürtigen Hamburger wäre jemals auf die Idee gekommen, es ihr nachzutun. In der Elbe zu schwimmen war Mitte der 1990er Jahre noch absolut verpönt. »Ich aber habe die Elbe nie als schmutzigen Fluss erlebt«, sagt Rike Marks und konnte wohl nur deshalb ohne Vorurteile das inzwischen saubere Wasser der Elbe überhaupt wahrnehmen.

Die Künstlerin empfindet das Elbwasser als weich und wohltuend. »Niemals fühle ich mich nach einem Bad in der Elbe schlechter als vorher, im Gegenteil: Ich fühle mich jedes Mal besser als vor dem Schwimmen. Das kühle Wasser erzeugt ein rauschhaftes, prickelndes Gefühl. Und ein bisschen stolz bin ich auch, weil ich mal wieder den inneren Schweinehund überwunden habe.«

Als ihr Sohn Bruno noch klein war, ging Rike Marks an warmen Sommertagen mit ihm an die Elbe, und immer wieder planschten Mutter und Sohn im seichten Wasser, das war Anfang der 1990er Jahre. Wenn damals Freunde des

Sohnes mitkamen, musste Rike Marks vorher die Eltern fragen, ob die Jungen mit an den Fluss dürften. In die Elbe durfte sowieso keiner von ihnen. Rike Marks aber genoss mit ihrem Sohn: Sie schlugen ihre Decke am Strand auf, aßen mitgebrachte Brote und empfanden die Stunden in der Sonne am und manchmal im Fluss als ein großes Glück. Der kleine Bruno konnte am weiten Strand so laut sein, wie er Lust hatte, ohne dass sich jemand beschwerte und ohne dass ihm jemals langweilig wurde.

Inzwischen lebt Rike Marks direkt an der Elbe, vom Esstisch hat die Familie einen wunderbaren, weiten Blick bis aufs Alte Land, hinüber nach Schweinesand und auf die Elbe. Vor sieben Jahren zog die Familie in die Nähe des alten Blankeneser Wasserwerks. Seitdem ist die Elbe nur ein paar Schritte entfernt, und Rike Marks geht von Mai bis September nahezu täglich direkt vor der Haustür schwimmen, am liebsten bei auflaufendem Wasser und morgens um 9 Uhr, wenn der Tag noch frisch ist und nicht so viele Spaziergänger unterwegs sind. Hund Molli kommt mit und schwimmt hinterher, vor allem dann, wenn sich Rike Marks seiner Ansicht nach zu weit hinausgewagt hat.

Bestaunt wird sie als Elbschwimmerin ohnehin, das stört manchmal mehr, manchmal weniger, auch deshalb geht Rike Marks lieber zu zweit schwimmen, dann gewinnt das Seltene an Normalität: Wenn es zwei machen, ist es weniger falsch. Einige Freunde und sogar Elbschwimmgegner hat sie in den letzten Jahren davon überzeugt, dass man wieder in der Elbe schwimmen kann, dass man keinen Ausschlag, kein Ekzem und andere Krankheiten davon bekommt. Auch ihren Mann hat sie erweicht, auch er schwimmt inzwischen in der Elbe – obwohl er in Wilhelmsburg aufgewachsen ist, nahe dem Hafen – dort sei es absolut tabu gewesen, in der Elbe zu schwimmen: Das war Hafengebiet, nicht Freibad. »Seit ungefähr vier Jahren beobachte ich, dass mehr und mehr Menschen in der Elbe schwimmen.« Vor allem Familien suchen an warmen Sommerwochenenden das Meerähnliche des Wittenbergener Strandes. »Noch 1995 haben die Ausflügler nicht einmal ihre Füße ins Wasser gesteckt«, erzählt Rike Marks lächelnd.

Manchmal – an schönen Sonnentagen – geht Rike Marks auch nach Wittenbergen zum Schwimmen – der Strand dort mit seinen großen, sanft geschwungenen Buchten sei besonders für Kinder und Nichtschwimmer geeignet, das Wasser selbst bei Flut nicht hoch. »Trotzdem muss man immer warnen: Schwell und Sog von den Schiffen sind sehr gefährlich. Aber schon als Kind kann man das Wasser achten und schätzen lernen. Und man kann lernen, dass Schwimmen nicht nur in Schwimmbädern und türkisfarbenem Wasser Spaß macht.«

Rike Marks geht beim Elbschwimmen kein Risiko ein. Niemals schwimmt sie außerhalb der Stacks, niemals in der Fahrrinne und am liebsten bei Flut. »Ich möchte beim Schwimmen doch keine Angst haben und mir selbst Schrecken einjagen«, sagt sie und schwimmt meistens eine Art Kreis nahe dem Ufer und versucht die unterschiedlichen Strömungen auch des ufernahen Neerstroms zu nutzen – dabei dann die eigene Leichtigkeit zu spüren und überhaupt das durch das Element Wasser gesteigerte Körpergefühl sind für sie elementar. Hat sie Respekt vorm Fluss? »Nein, es ist wohl eher die Urangst davor, weggezogen zu werden. Einerseits zieht es einen ins Wasser rein, andererseits möchte man zurückkommen. Zu ängstlich darf man nicht sein.«

Die Künstlerin, die viel mit Ton und Papier arbeitet und aus ihrem Atelier ebenfalls einen Blick auf die Elbe hat, mag aber auch Niedrigwasser, sie mag die Weite, die sich bei abgelaufenem Wasser bietet, dann, wenn der Fluss schmaler und das Ufer breiter geworden ist. Sie mag es, am Flusssaum zu laufen, den Matsch und den Schlick unter den Füßen zu spüren. Sie mag das Undurchsichtige des Elbwassers, vielleicht auch, weil sie es nicht anders kennt. Denn das Schwimmen lernte sie in der Hunte, die durch Oldenburg fließt, wo sie aufgewachsen ist. Und schon als Kind spürte sie in der Hunte, wie faszinierend es ist, wenn Wasser einen trägt. »Die Hunte führt ein schwarz-braunes mooriges Wasser und ist völlig undurchsichtig. Aber das Schönste ist ihr Geruch. Sie riecht nach Regen, nach etwas, das gerade nass geworden ist. Also so, wie heute die Elbe riecht.« Nach Algen, nach Erde und auch etwas metallisch – nach Freiheit!

Der Naturschwimmer

9

Mit dem Mountainbike erkundete er Mitte der 1990er Jahre seine neue Heimat und sah an einem schönen Sommertag Menschen in der Elbe baden – das wollte er auch! Gralf Michael wartete auf Sonnenschein, packte die Badehose ein und traute sich in Wilhelmsburg bei Stromkilometer 614 unter Weiden und Pappeln in die Elbe. Seither ist ihm der Fluss existenziell wichtig. »Die Elbe ist für mich ein zentraler Lebensnerv«, sagt der 45-Jährige, »wenn ich in der Elbe bin oder auch nur an ihr, dann werde ich automatisch ruhiger. Sie ist für mich ein Ruhepol, ein Ort, an dem ich nachdenken kann, ein Energiezentrum.«

Zehn Jahre lang hat Gralf Michael in Wilhelmsburg gewohnt und ist fast jedes Sommerwochenende mit dem Rad zum Finkenrieder Hauptdeich gefahren, hat sich an den 300 Meter langen und fast 40 Meter breiten Sandstrand gelegt und das Leben genossen. Drei- oder sogar viermal ging er an solchen Tagen in die Elbe, ließ sich von der Sonne trocknen und erfrischte sich wieder im Wasser. Die Eisen- und S-Bahnbrücken sind in Sichtweite, die Autobahnbrücke glücklicherweise 800 Meter fern und die Autos nur bei Ostwind zu hören. Die Strömung in diesem Bereich ist sehr stark, für Kinder und unerfahrene Schwimmer nicht ungefährlich, und schon drei Meter vom Ufer entfernt hat die Elbe eine Tiefe von 1,60 Metern. »Für mich ist die starke Strömung toll: Ich gehe von meinem Handtuch aus ins Wasser, schwimme zwanzig Minuten in einem flotten Tempo und kann an genau derselben Stelle wieder aus dem Wasser gehen. Das ist doch toll. Die Elbe ist eine perfekte Gegenstromanlage.«

Gralf Michael schwimmt gern unter Bäumen und Vögeln, in der frischen Luft lieber als in der geheizten, nach Chlor riechenden Schwimmhalle. In einer solchen zog er als junger Mann viermal die Woche seine Bahnen, trainierte für Wettkämpfe und zählte die Kacheln. Jetzt sind ihm Sonnenuntergänge wichtiger, die Strandromantik, die sich an lauen Sommerabenden nach der Arbeit am Fluss einstellt, das Urlaubsflair an heißen Wochenenden. Dann geht der gelernte Groß- und Außenhandelskaufmann am liebsten bei Hochwasser in die Elbe, denn dann »ist das Wasser klarer, und man hat beim Reinlaufen in die Elbe weniger Steine«. Trotzdem guckt er zu Hause, bevor er sich auf den Weg an die Elbe macht, niemals auf den Tidenkalender, er will in die

Elbe, egal ob bei Ebbe oder Flut. Nur die Sonne sollte möglichst scheinen. Gegen einen Sommerregen hat Gralf Michael allerdings auch nichts, »liebend gern lasse ich mich mal überraschen, außerdem finde ich es lustig, von unten und oben Wasser zu haben. Aber Sonne ist mir doch lieber.« Wenn die also scheint, dann breitet der Schwimmer eine Decke am offen daliegenden Wilhelmsburger Sandstrand aus und richtet sich mit dem mitgebrachten Picknick für den Nachmittag gemütlich ein. Strandstunden sind lange Stunden, da ist nichts als der Fluss und der Himmel, und Gralf Michael kommt zur Ruhe.

Das gegenüberliegende, mit dicken Steinen geschützte und dahinter begrünte Ufer kann der Elbschwimmer, nach Süden blickend, von seinem Platz aus gut beobachten. Menschen sieht er dort selten. Hinter Gralf Michael erhebt sich der schützende Finkenrieder Hauptdeich, und Weiden werfen ihre Schatten auf den in Ost-West-Richtung verlaufenden weißen Strand. Ein Leben ohne Fluss kann sich der junge Mann nicht mehr vorstellen, am Strand und an den Ufern sei immer was los, sagt er: »Schiffe fahren vorbei, kleine Flitzer, Segelboote mit umgeklapptem Mast, man sieht Angler oder Ruderer, Möwen oder Kormorane.« Da gebe es immer was zu gucken und zu beobachten, und so ein Strandtag werde niemals langweilig.

Wird ihm zu heiß oder braucht er eine kleine Erfrischung, läuft er den sanft abfallenden Strand hinunter zum Wasser und watet hinein, bis er keinen Boden mehr unter den Füßen fühlt. Dann umfließt das Wasser seinen Körper, und er beginnt im Bruststil gegen die Strömung zu schwimmen. Mit kraftvollen Zügen stemmt er sich gegen die Fließrichtung, den Kopf über Wasser – so sehe er wenigstens etwas, sagt er. »Beim Kraulen hat man ja den Kopf ständig unter Wasser und verliert schnell die Orientierung.« Manchmal schwimmt er auch im Delphinstil, nur die Rückenlage meidet er, »denn da sehe ich ja nicht, wohin ich schwimme«.

Die Elbe bedeutet ihm Entspannung, gemütlich schwimmen will er, ohne Stress, und so hat er den einmaligen Versuch, die Elbe zu queren, schnell wieder verworfen – zu gefährlich.

Das Wasser ist sein Element, er segelt, surft und schwimmt. »Wenn ich im Wasser bin, habe ich das Gefühl, allen Ballast wegwerfen zu können, ich fühle mich befreit und rundum wohl. Ich liebe das Wasser. Ein Leben ohne Wasser kann ich mir nicht vorstellen.«

Nach zehn Jahren nun ist Gralf Michael von Wilhelmsburg nach Winterhude gezogen. Nun ist die Elbe weit weg, aber im vergangenen Sommer hat er zusammen mit einem Arbeitskollegen aus Blankenese die Elbe bei Teufelsbrück erkundet. Dort sind sie schwimmen gegangen. Aufregend sei das gewesen, weil da die Riesenpötte vorbeifahren. »Sie sorgen für eine besondere Atmosphäre. Aber der Strand ist viel kleiner als am Finkenrieder Hauptdeich und »überhaupt ist es bei Teufelsbrück sehr städtisch. An der Süderelbe ist dafür mehr Natur.«

Eine Lebensader nennt der gebürtige Oldenburger die Elbe, aber er vermeidet es, ihr Wasser zu schlucken. »Ich weiß ja nicht, was da drin ist. Manchmal wenn ich aus dem Wasser komme, dann hat es so einen etwas muffigen Charakter, deshalb bin ich vorsichtig, aber als Schwimmer muss ich das Wasser ja nicht trinken.«

Der Inselschwimmer

Axel Siemonsen ging in Nienstedten zur Grundschule, und damals, um 1950, galt das Elbwasser als nicht sauber. Er schwamm trotzdem in dem Fluss, fuhr auf ihm wie die anderen Schulkinder mit dem Boot oder schipperte in kalten Wintern auf Eisschollen am Ufer längs. Das waren kindliche Abenteuer, »mit dem richtigen Elbeschwimmen habe ich aber erst nach dem Abitur angefangen«, erzählt der Architekt. Er begann, in der Unterelbe zu schwimmen, um die Inseln Pagensand und Bishorster Sand zu erreichen, ihre fernen Ufer wollte er betreten, sie wurden ein Ziel, das er schwimmend erreichen konnte.

Als der 1941 geborene Hamburger dort die ersten Male durch das flache Wasser der Elbe watete, bemerkte er, dass er keine Abneigung gegen den glitschigen Elbschlick hat, sondern im Gegenteil, dass es ihm sogar sehr angenehm war, vorsichtig durch den tiefen Schlick zu laufen und im flachen Wasser zu kriechen, durch weichen Modder, durch diese undurchsichtige Masse. »Das ängstigt oder ekelt mich bis heute nicht, ich bewege mich gern durch Schlick. Auch da, wo ich mich bäuchlings durch niedriges Wasser schiebe

anderes Land. Es zählt nicht das Schwimmen allein, sondern es gilt, ein Ziel zu erreichen, welches nicht ohne weiteres zugänglich ist. Er will an einen Ort, der ihm unbekannt ist. Schwimmen verleiht außerdem Stärkebewusstsein: dass man durchkommt – ein Urgefühl, das in unserer hochtechnisierten Welt selten geworden ist.

Zum Queren und zum Abenteuer gehört unbedingt auch, dass Axel Siemonsen Kleidung und Essen in einem Beutel mit sich transportiert: Mit einem Riemen schnürt er sich seinen Packen um und hat alles dabei, was er fürs Erste auf einer Insel braucht. Aber das alles musste er erst lernen. »Einmal bin ich zwei Kilometer geschwommen und hatte von dem zu rauen Band eine große Scheuerwunde.« Vier- bis fünfmal schwimmt er im Sommer zu den Elbinseln hinüber – meistens zum Bishorster Sand. Oft in Begleitung, mit Freunden oder seinen Kindern. Schön sei es, mit anderen zu schwimmen, sagt der Architekt, »das Gefühl, dass jemand neben mir schwimmt und man in eine Art Gleichklang gerät, das ist der Traum, aber leider können die meisten Frauen nicht gut genug kraulen.«

Seine Schwimmausflüge sind Axel Siemonsen auch kleine Fluchten aus dem Alltag, er sucht in der Elbe den Gegensatz zum städtischen Leben, zum Beruf, zum Normalen. Er will das Unbekannte, die Gefahr, den Grenzgang. Deshalb schwimmt er auch gern ohne Badehose: »Das verstärkt das Ungesetzliche. Und wenn man aus dem Wasser kommt, ist es schön, nackt zu sein.« Dieses besondere Körpergefühl ist wichtig. Es wird möglich durch das andere Element: Wasser trägt den Körper, es macht ihn leicht, »flussig« könnte man es nennen. Es tut gut. »Ich sehe die Elbe auch als das Gegebene an. Sie ist das Gewässer hier bei mir zu Hause, sie kann ich nutzen, mit ihr kann ich täglich etwas anfangen, wenn ich möchte.« Das Abenteuer seines Lebens, das Schwimmen in der Elbe, liege vor der Haustür, nicht irgendwo in Alaska.

Die Elbe hat für Axel Siemonsen aber auch etwas Wildes, Unberechenbares und Gefährliches – anders als ein Binnengewässer. Durch ihren tidenabhängigen Wasserstand hat sie selbst im Hafengebiet etwas Ursprüngliches bewahrt, sie fließt nicht nur gleichmäßig durch ihr Bett, sondern verändert sich ununterbrochen, sichtbar, die Aufmerksamkeit auf sich ziehend. »Sie kann bei einer Sturmflut extrem ansteigen, oder ein Containerschiff zieht plötzlich das flache Wasser unter einem weg. Da ist nichts sicher.« Sie ist für den Grenzgänger noch ein Rest Wildnis in der Großstadt Hamburg. Denn er sucht im Fluss auch die Gefahr. Das sei gut fürs Lebensgefühl. »Dann habe ich eine Ahnung davon, dass ich überleben soll. Eine Gefahr in der Elbe zu überstehen heißt, dass Gott will, dass du lebst.« Sich spüren bedeutet das außerdem. Das sagt Axel Siemonsen nicht, aber man ahnt, wie wichtig es ihm ist, sich und seinen Körper, seine Freuden und Ängste durch die Kraft des Wassers potenziert zu fühlen.

Jetzt läuft Axel Siemonsen die Sommer über von seinem Haus durch den Jenischpark nach Teufelsbrück an die Elbe und schwimmt dort an dem kleinen Stück Strand, das bei den Pontons liegt. Das ist nur ein winziger Flecken Strand, aber sehr gut dafür geeignet, ohne Hindernisse ins Wasser zu kommen. Selbst im Winter, wenn das Wasser nur zwei,
5 drei Grad Celsius über null ist. Aber möglichst bei Dunkelheit! Bei Tageslicht gibt es dort zu viele Neugierige, die nicht glauben mögen, dass jemand in der Elbe schwimmt. Dann taucht Axel Siemonsen also ohne Badehose in die nachtschwarze Elbe und schwimmt los – nicht so lange Strecken wie beim Inselschwimmen, aber unbedingt erst einmal in Richtung Flussmitte, weg vom bevölkerten Ufer. Wenn es windstill ist, dann breitet sich auf dem dunklen Wasser eine große Ruhe aus, ist das Wasser bewegt, verstärkt sich die Einsamkeit des Flusses, das Fernsein. Im Fluss ist es immer gut. Egal unter welchen Bedingungen – sie sind das Gegebene: Regen und Sonne, kühler Westwind und warme Brise, Ebbe und Flut.

Als der 64-Jährige noch in Oevelgönne lebte, ging er am dortigen Strand schwimmen. Das ist sein Prinzip: »Wo ich wohne, schwimme ich.« Im Winter weicht der Elbschwimmer ins Hallenbad aus, wöchentlich trainiert er tausend Meter, aber nicht, um fit zu bleiben, sondern um müde zu werden. »Sobald ich schwimme, schlafe ich sofort besser.« Seit einigen Jahren gehören bei Axel Siemonsen außerdem Schwimmen und Paddeln untrennbar zueinander. Meistens schwimmt er vor oder nach einer Paddelfahrt oder sogar während des Paddelns: aus dem Boot ins Wasser, auf dem Fluss und im Fluss – selbstverständlicher geht es nicht.

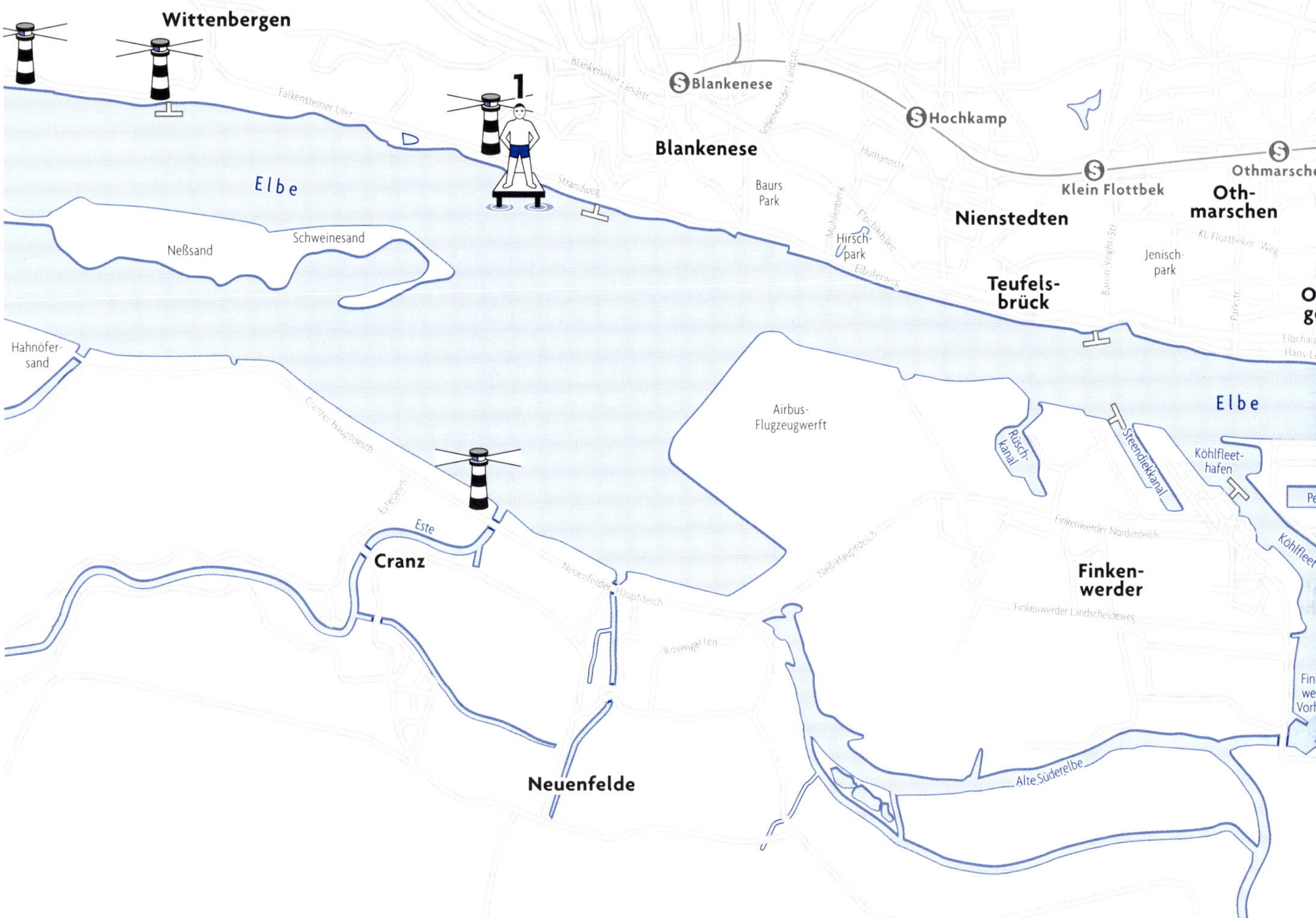

Strandbad Hamburg morgen

Architekten, Stadtplaner und Künstler, von denen einige selbst begeisterte Elbschwimmer sind, haben Pläne für mögliche Strandbäder entworfen. Einige dieser Flussbadeanstalten könnten unkompliziert realisiert werden, andere erfordern dagegen aufwändige bauliche Maßnahmen.

Zukünftige Strandbäder

1 Badegeviert Blankenese
2 Badesteg Neumühlen
3 Elbstrand/Inselkette Altona
4 Bade- und Segelsee Altona
5 Badehaus in der Hafencity
6 Blu, mobiles Freibad
7 Playa Hamburgo

Leuchtturm   Anlegestelle

0   0,5   1,0 km

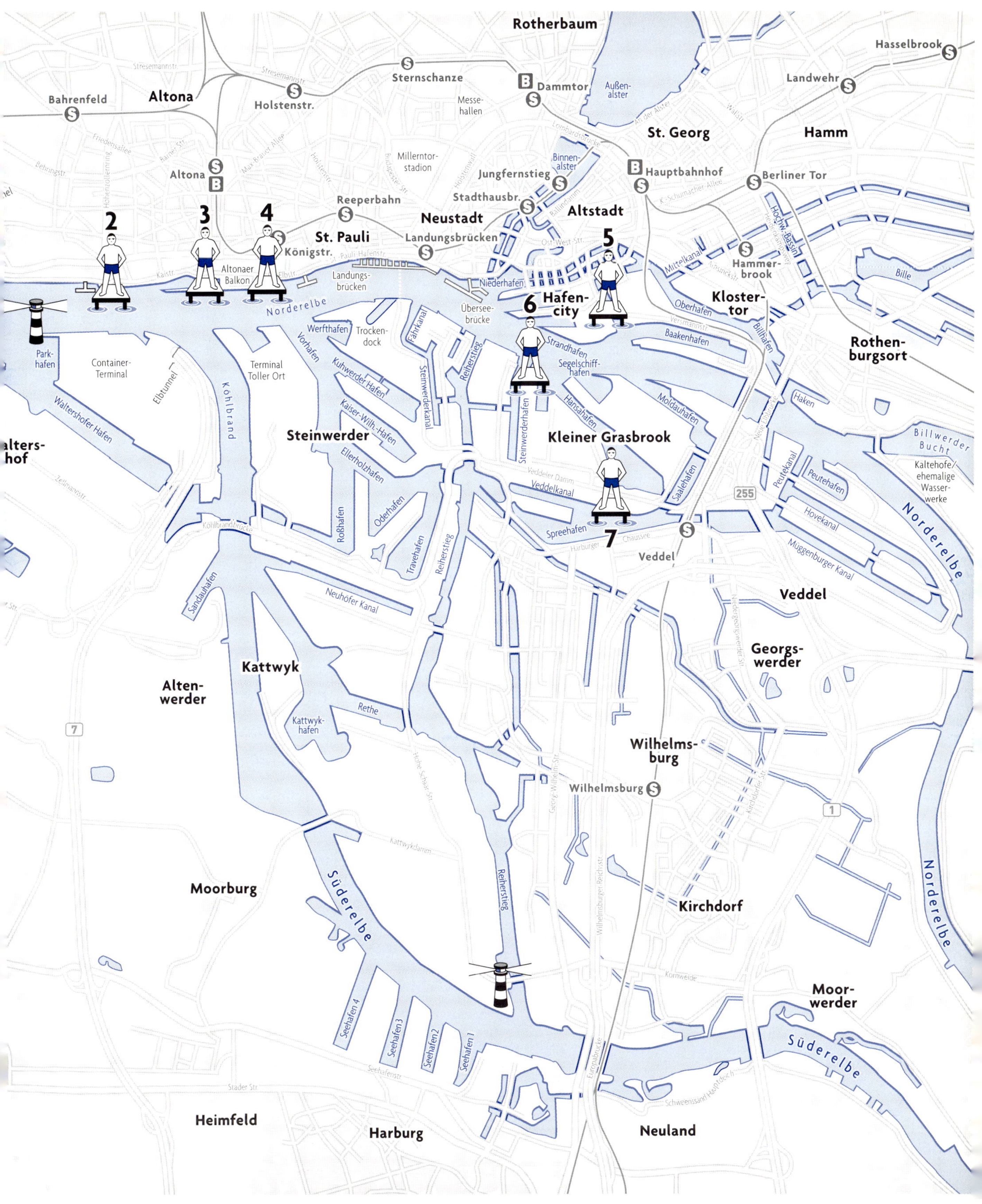
Rotherbaum
Hasselbrook
Außen-alster
Sternschanze
Dammtor
Landwehr
Bahrenfeld
Altona
Holstenstr.
Messe-hallen
St. Georg
Hamm
Millerntor-stadion
Binnen-alster
Altona
Jungfernstieg
Hauptbahnhof
Berliner Tor
Reeperbahn
Stadthausbr.
2
3
4
Neustadt
Altstadt
St. Pauli
Landungsbrücken
Königstr.
5
Altonaer Balkon
Landungs-brücken
Niederhafen
Mittelkanal
Hammer-brook
Bille
Norderelbe
Übersee-brücke
6
Hafen-city
Kloster-tor
Oberhafen
Werfthafen
Trocken-dock
Park-hafen
Container-Terminal
Terminal Toller Ort
Baakenhafen
Rothen-burgsort
Strandhafen
Segelschiff-hafen
Elbtunnel
Köhlbrand
Waltershofer Hafen
Steinwerder
Kleiner Grasbrook
Billwerder Bucht
Kaltehofe/ ehemalige Wasser-werke
Veddelkanal
Spreehafen
7
Veddel
Veddel
Sandauhafen
Neuhofer Kanal
Georgs-werder
Kattwyk
Alten-werder
Rethe
Kattwyk-hafen
Wilhelms-burg
Wilhelmsburg
Moorburg
Süderelbe
Kirchdorf
Norderelbe
Moor-werder
Seehafen 4
Seehafen 3
Seehafen 2
Seehafen 1
Süderelbe
Heimfeld
Harburg
Neuland

Viele Wege führen in den Fluss

Elbschwimmer finden immer einen Weg in den Fluss. Zu steinig, zu steil, zu gefährlich – das gibt es nicht. Viele Wege führen ins Wasser, bei Ebbe wie bei Flut, im Mai wie im November, in der aufgehenden Sonne und unter tief hängenden Wolken. Doch manchmal wünscht man es sich auch komfortabel. Man wünscht sich ein leicht zugängliches Ufer, einen begehbaren Steg, einen trockenen Platz für die Kleidung, ein sichtbares, anschwimmbares Ziel. Dann könnte aus dem abenteuerlichen Schwimmen in der Elbe ein komfortables – warum nicht auch institutionalisiertes – Genießen werden. So wie man es aus der Geschichte des Elbbadens kennt, als das Baden und auch Waschen in der Elbe noch genauso selbstverständlich waren wie ein Gang in die Wasch- und Badeanstalt auf dem Schweinemarkt nahe dem Hauptbahnhof. Als die Elbe noch Teil des Alltags war, als sich jugendliche Arbeiter abends fröhlich in die Wellen vor Blankenese warfen, schmutzig vom Tagwerk, müde von der Arbeit. Das fanden schon damals längst nicht alle akzeptabel, engstirnige Anwohner und Moralapostel ereiferten sich immer wieder über diese gesunde (Un-)Sitte.

Die Elbe ist heute wieder eine Alternative zum öffentlichen Schwimmbad geworden. Das ist ein großes Glück und dem Verlauf der deutschen Geschichte sowie einem veränderten ökologischen Bewusstsein zu verdanken, denn bis zur Wende 1989 hätte man niemals an eine Rückkehr der Badekultur zu hoffen gewagt – zumindest nicht in Hamburg, der Hafenstadt, wo die Elbe schon tausend Kilometer hinter sich hat. Der Fluss, der durch die Stadt fließt, könnte wieder das schönste, größte und nächstliegende Freizeitbad sein. Die Elbe innerhalb der Stadtgrenzen Hamburgs ist größer, als es ein Freibad jemals sein könnte, billiger zu bewirtschaften, besser erreichbar, und es verfügt über die großartigsten Aussichten, die man sich wünschen kann. Was in manchen Wellness-Anlagen aufwändig und künstlich rekonstruiert wird, um dann doch in Kitsch und Beliebigkeit zu verkommen, das bietet die Elbe von Natur aus: Sonnenuntergänge, Brandung, Gezeiten, Sandstrände, ein weiches, warmes Wasser, Hafenkulisse, grüne Baumhänge, große Schiffe und Strömung. Manchen behagt es außerdem mehr, in Flusswasser zu steigen als in ein 25 mal 12 Meter abgezirkeltes, gechlortes und chemiegereinigtes Hallenbadwasser.

Im Fließen eines Flusses wird das Empfinden von Wasser zu einem anderen. Man spürt den Untergrund – den Sand, die Steine, den Kies, die scharfen Muscheln –, man achtet darauf, wohin man tritt, wo man geht. Man beobachtet, ob Ebbe oder Flut ist und wo die Wasserkante verläuft, man kundschaftet aus, an welcher Stelle man bequem ins Wasser gelangen kann. Aber nicht nur das Schwimmen könnte zu einem selbstverständlichen Erleben werden. Der Lebensbereich Fluss überhaupt könnte wieder eine größere Bedeutung erhalten. An schönen Sommertagen zieht es viele an die Elbstrände, nach Blankenese, nach Wittenbergen oder an den Finkenrieder Hauptdeich. Das ist die Sommerfrische des 21. Jahrhunderts. Die Elbstrände sind größer als jeder künstlich geschaffene Freizeitpark, der Erlebnis nur vorgaukelt.

Die Stadt Hamburg jedoch hat wenig Interesse daran, Badestellen an der Elbe auszuweisen. Würde sie welche einrichten, wäre sie auch für die dazugehörige Infrastruktur verantwortlich, müsste sich kümmern um Umkleidekabinen, Duschen, Toiletten, die Beseitigung der Abfälle und vor allem um die notwendige Badeaufsicht. Das kostet Geld. Außerdem stände die Stadt in der Pflicht, die europäische Baderichtlinie einzuhalten. Das ist bei einem Fluss wie der Niederelbe schwierig, weil sie ein fließendes Gewässer ist, ein Tidegewässer zudem, das heißt, die gemessenen Werte unterliegen großen Schwankungen. Deshalb werden nur wenige Flüsse in Deutschland als Badegewässer ausgewiesen. Die Stadt Basel macht Hamburg allerdings schon seit Jahren vor, was möglich ist. Sicher, Basel ist längst nicht so groß wie Hamburg, verfügt nicht über einen vergleichbaren Hafen, und der Rhein ist auf der Höhe von Basel schmaler, als es die Elbe in Hamburg ist. Trotzdem: Das Rheinschwimmen hat in Basel eine lange Tradition und ist inzwischen zu einem Volkssport geworden. Um die begeisterten Rheinschwimmer zu schützen, gibt die Kantonspolizei der Stadt Basel eine Broschüre heraus, die eine Anleitung zum richtigen und gefahrlosen Rheinschwimmen gibt: Sie benennt, wo Gefahren durch Schiffe, Brücken und Strömungen drohen und wer auf gar keinen Fall im Rhein schwimmen sollte.

Wagt also nicht die Stadt Hamburg, ein Strandbad zu betreiben, könnte privates Engagement Badestellen oder sogar eine Badeanstalt an der Hamburger Elbe errichten. Ein solcher Badeort müsste den Bedürfnissen der Badenden und den Besonderheiten eines tideabhängigen Flusses entsprechen. Das heißt, plant man eine solche Einrichtung, müsste die entsprechende Architektur auf die Eigentümlichkeiten des Elbschwimmens und der Natur reagieren. Im Tidebereich sind schwimmende Badeanstalten nicht erlaubt, und Seehäfen wie Wirtschaftswege sind Tabuzonen für Bäder. Der Handel hat Vorrang. Wo allerdings kein Handel getrieben wird, erhebt die Umweltbehörde ihre Stimme, Süßwasserwatt zum Beispiel ist schützenswert. Es ist also gar nicht so leicht, geeignete und erlaubte Orte für eine Badeanstalt zu finden. Durch den sogenannten »Sprung über die Elbe«, die Anbindung des Südens, von Wilhelmsburg, Veddel und anderen Stadtteilen an das nördlich der Elbe gelegene Hamburg, könnten sich in Zukunft mehr, ruhigere und weniger gefährliche Badeplätze ergeben und genutzt werden. In der Hafencity hat man die Chance bei den Magellanterrassen aber schon vertan, indem man den Zugang zum Wasser architektonisch verhindert.

Sieben Architekten, Stadtplaner und Künstler aus Hamburg und anderen Städten haben Badestellen, Badestege, Badehäuser oder Badegelegenheiten für Hamburg entworfen. Drei der Architekten haben speziell für dieses Buch einen Entwurf angefertigt, zwei Ideen stammen vom II. Hamburger Bauforum, das sich 1985 mit dem Elbuferabschnitt zwischen Fischmarkt und Neumühlen auseinander gesetzt hat. Entstanden sind sieben sehr unterschiedliche Visionen, die jedoch eines eint: die Sehnsucht danach, den Fluss nicht nur in das alltägliche Leben zu integrieren, also die Elbe zum selbstverständlichen Bestandteil des Lebens werden zu lassen, sondern auch wieder in der Elbe zu schwimmen und das heutzutage saubere Wasser mitten in der Millionenstadt Hamburg zu genießen.

Sieben Visionen vom Baden in der Elbe

Blankeneser Badegeviert

Der Architekt Axel Siemonsen ist ein begeisterter Paddler und Schwimmer (siehe Elbschwimmer-Porträt auf Seite 112 hier im Buch). Die Elbe ist sein Lebensraum. Er bewegt sich im Kajak auf ihr und in ihr, wenn er schwimmt. Die Badestelle, die er für Blankenese entworfen hat, formt sich aus zwei hölzernen Stegen, die in einem Abstand von rund 20 Metern parallel vom sandigen Ufer aus in die Elbe führen. Sie liegen auf dem Sand auf und sind dort mit Stelen am Holz befestigt. Die Stege sind 60 bis 70 Meter lang und werden im Wasser von Schwimmkörpern getragen, zum Beispiel von Plastiktonnen, die in dop-

1

Die Schwimmer-Symbole zeigen an, wo die im Text genannte Badestelle auf der Karte Seite 118/119 zu finden ist.

pelten Reihen unter ihnen liegen. Sie sind zwischen zwei Stacks mit großen Ringen an Stahlduckdalben befestigt, sodass sie frei beweglich den Tidenhub von ungefähr 2,50 Meter mitgehen können, aber zugleich auch geschützt sind. Auf den Stegen befinden sich auf der Ostseite Umkleidekabinen, die mehr Windschutz als Kabinen sind und sich zum Westen hin öffnen, sodass man die Sonnenuntergänge genießen kann. Außerdem gibt es Sitzgelegenheiten und einen niedrigen Sprungturm, ebenso Leitern, über die man leicht ins Wasser steigen kann und auch wieder hinausgelangt. Die beiden Stege bilden also eine Art Becken, in dem man Sog und Schwell der Schiffe spürt und auch den Wellengang, aber doch das Gefühl hat, sich in einem geschützten Geviert zu bewegen. Am Ende der beiden Stege liegt in einem Abstand von einigen Metern ein Ponton, den man anschwimmen kann: Er ist Zielpunkt, Ruheort, Insel. Mit dem Ende der Stege ist er durch Balken verbunden. Die Balken sind nicht begehbar, aber man kann sich an ihnen festhalten. Die Insel ist nur schwimmend zu erreichen. Bei Flut ist das so gebildete Becken doppelt so groß wie bei Ebbe.

Badesteg Neumühlen

Die in Basel lebende Architektin Judith Mues hat einen Badesteg für das steinige und nur schwer überwindbare Ufer von Neumühlen entworfen. Das Ufer markiert für sie den Übergang zwischen Land und Wasser. »Im Wechsel der Gezeiten verändert sich diese Zone und ist niemals gleich«, sagt die Architektin. Bei einem Sandstrand, findet sie, braucht man eigentlich weder Steg noch Floß oder Treppe, die ins Wasser führen. »Das Gefühl von Sand unter den Füßen ist doch unverwechselbar, das möchte man spüren.« Anders aber ist es bei spitzen Steinen und scharfen Kanten, die das Ufer befestigen und schützen, so wie in Oevelgönne zwischen Sandstrand und Elbkate. Für diesen Elbabschnitt hat Judith Mues einen Stufensteg entworfen, der sicher über die Ufersteine hinwegführt zu einem Floß; der Steg ist wie eine Ziehharmonika konstruiert, die den Höhenunterschied von Ebbe und Flut ausgleicht.

Durch die Scheren kann die Konstruktion bei auf- und ablaufendem Wasser kürzer und länger werden. Der Druck des auflaufenden Wassers staucht die Scheren zusammen, bei ablaufendem Wasser ermöglichen sie eine Weitung des Stufenstegs, der das unwegsame Gelände überwindet. Um diesen Mechanismus zu ermöglichen, werden gleich lange Stäbe zu zwei Scheren gelen-

2

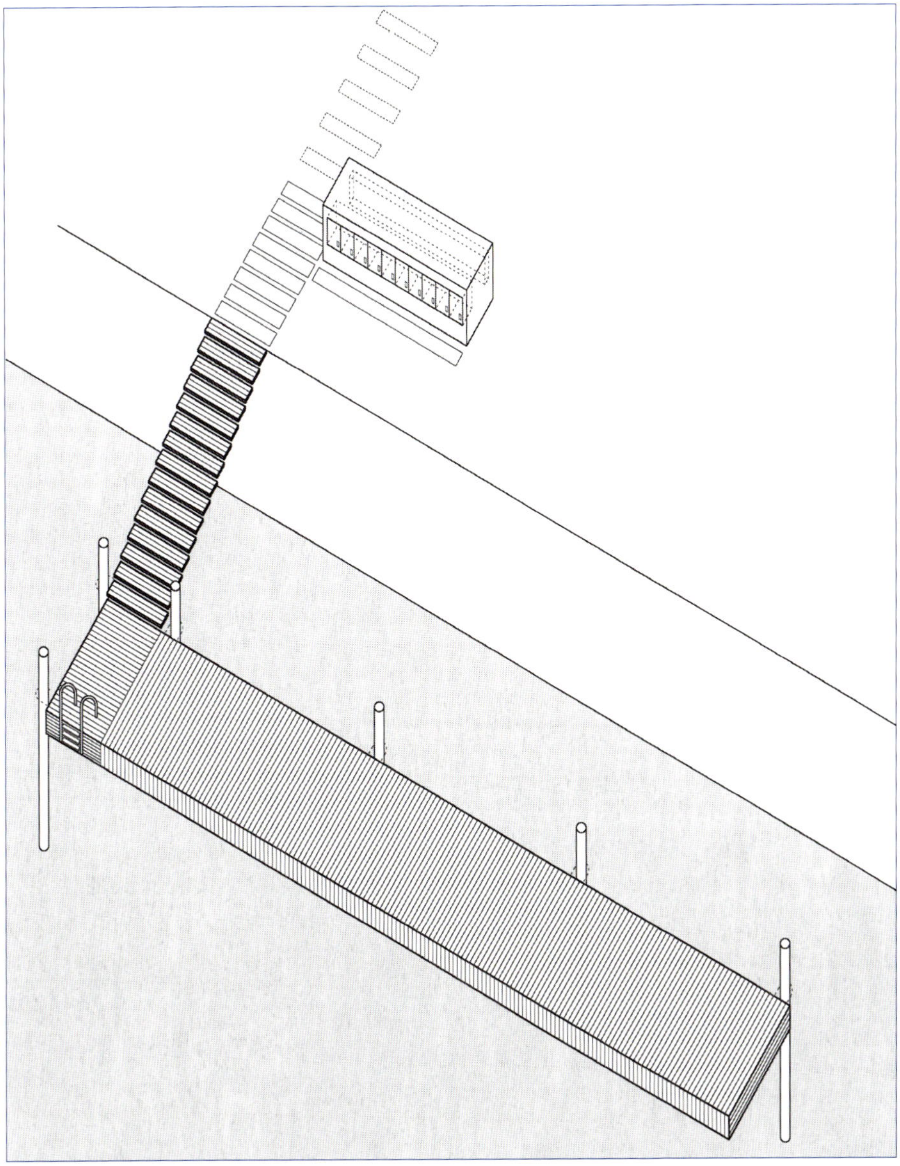

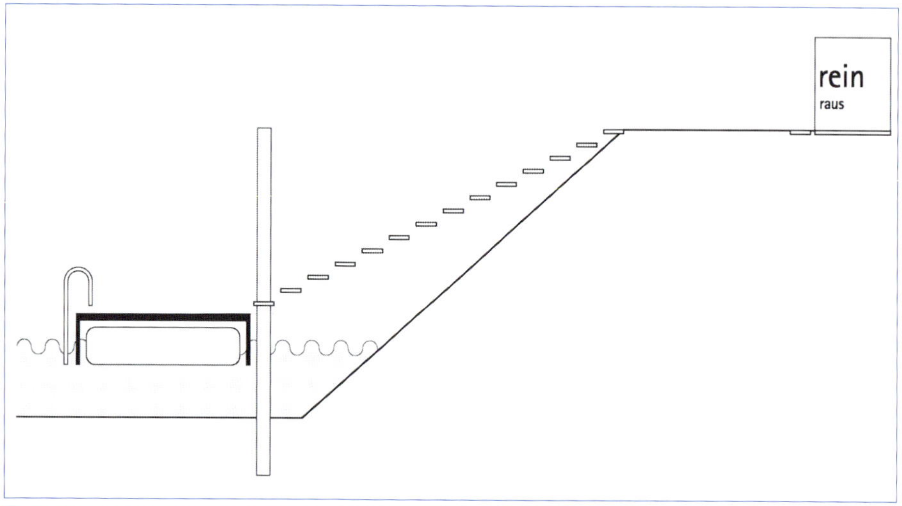

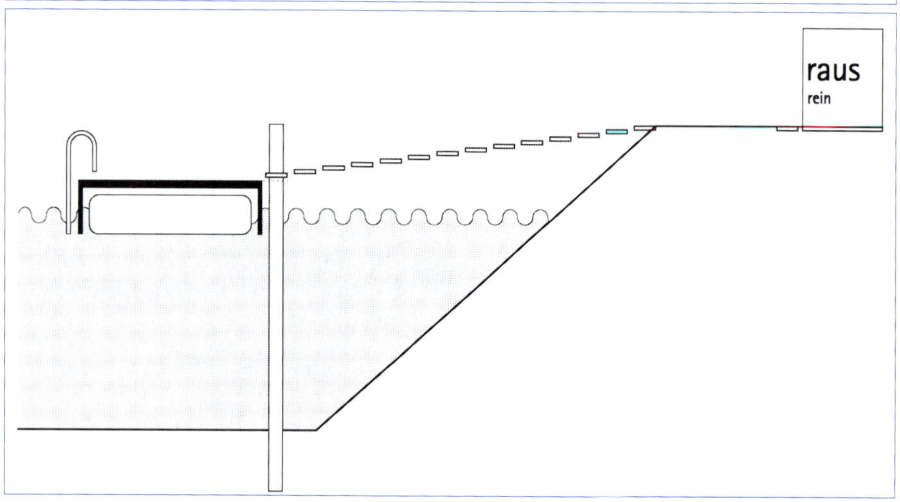

kig verbunden, und die beiden Scheren werden in den Kreuzungspunkten ebenfalls gelenkig miteinander verbunden. »Alte Büro- oder Schreibtischlampen funktionieren nach ähnlichem Prinzip«, erklärt Judith Mues.

Das Floß, zu dem die Ziehharmonika im rechten Winkel führt, besteht aus einer einfachen Holzkonstruktion, die durch Kunststofftanks den nötigen Auftrieb erhält. Das Floß schwimmt auf dem Wasser und ist durch lose auf Pfähle gesteckte Ringe verortet. Die Pfähle sind fest im Untergrund verankert. So ist das Floß in der Höhe frei beweglich. Der Einstieg ins Wasser erfolgt über eine kleine, schlichte Leiter. Für die Kleidung hat Judith Mues Schließfächer in einer Badebox entworfen, die seitlich der Ziehharmonika stehen.

Das Floß auf dem Fluss überwindet also den Gezeitenwechsel, wenn es mit dem Wasser steigt und sinkt. Die Ziehharmonika-Konstruktion reagiert ebenfalls auf die Gezeiten und verändert sich mit ihnen. »So können Schwimmer bei Hochwasser schreiten und bei Niedrigwasser hinabsteigen zum Wasser.« Der Steg überwindet unwegsamcs Gelände und führt den Badenden zum Wasser: Das Bad im Fluss kann zum Wesentlichen werden und nicht der Weg in den Fluss. Nichts lenkt vom Wasser ab.

Altonaer Inselkette

3

Die Architekten Roswitha Düsterhöft, Theo Bosch, Gerhard Hoirschfeld, Jos Weber, Renate Hohmann-Hansen und Julia Zancker haben ein für alle benutzbares und genießbares lebendiges Altonaer Elbufer entworfen, das sich in unmittelbarer Nähe der Stadt befindet. Ihre Idee basiert auf dem Verzicht von gebauter Architektur. Eine breite Promenade, flutsicher auf 7,50 Metern über NN angelegt, wird von niedrigen Häusern gesäumt. Zwischen den Gebäuden führen Treppen zum Strand hinunter, der sich über fast die gesamte Breite der Bebauung erstreckt. Eine Mauer schützt die Promenade. Mehr Aufwands bedarf es zur Flutsicherung nicht.

Der Entwurf ist im Jahr 1985 während des II. Hamburger Bauforums entstanden, als das Elbufer zwischen Fischmarkt und Neumühlen noch unbebaut war. Damals, vier Jahre vor der Wende, war das Wasser der Elbe noch sehr schmutzig, kaum jemand kam auf die Idee, im Fluss zu schwimmen. Aber das Architektenteam wagte einen Entwurf, der auf eine saubere Elbe hoffte.

Gegenüber dem Strand planten die Architekten eine Reihe von Inseln und Pontons, »Inseln der Träume«, von denen drei durch Brücken mit dem Ufer verbunden sein könnten. »Die Inselkette bildet das konvexe Gegenstück zum Strand und schließt mit einer zwischen die Inseln gespannten Abschottkonstruktion für die Badenden das Fahrwasser der Elbe so lange ab, bis das

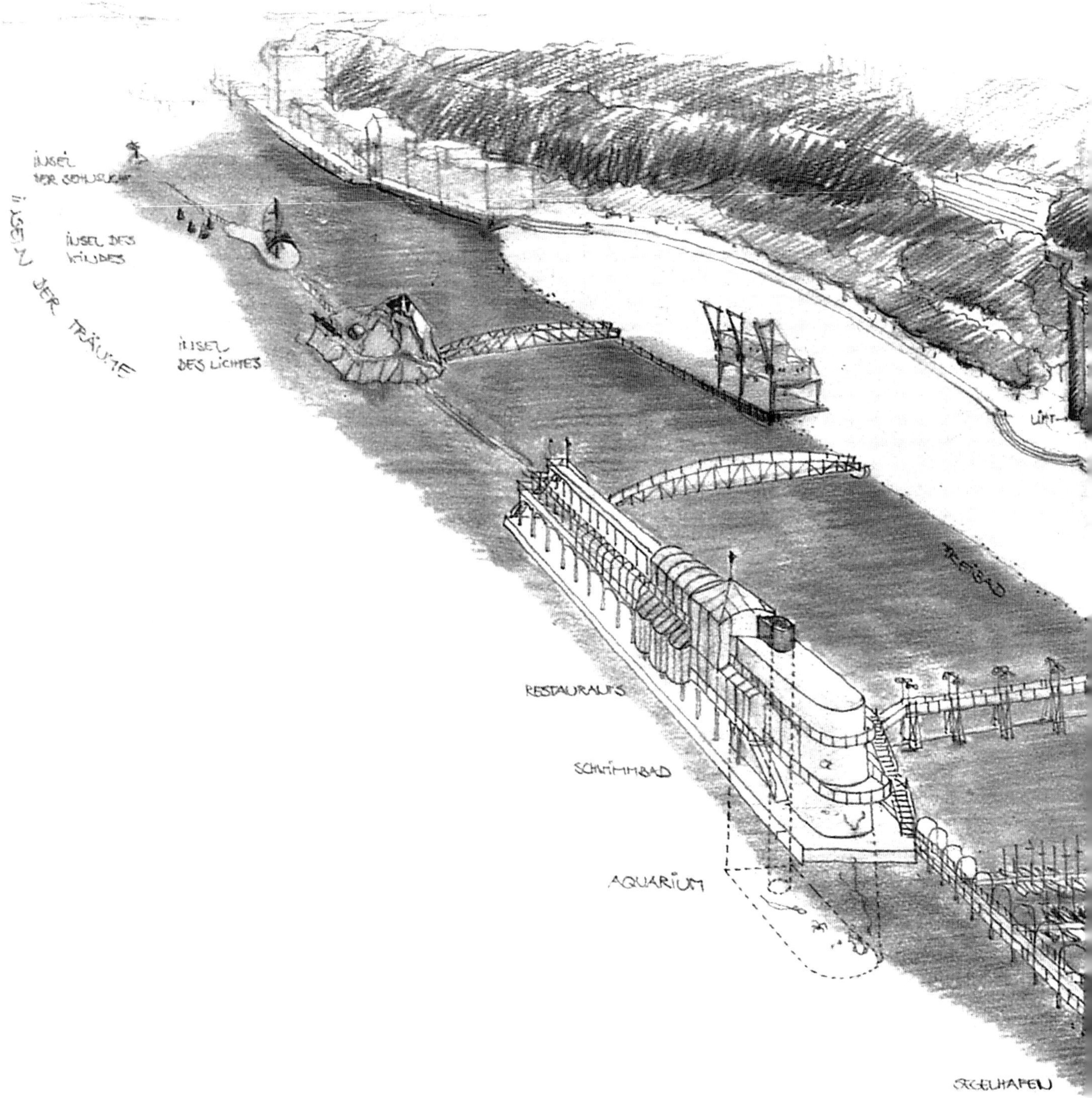
INSEL DER SEHNSUCHT
INSELN DER TRÄUME
INSEL DES WINDES
INSEL DES LICHTES
RESTAURANTS
SCHWIMMBAD
AQUARIUM
SEGELHAFEN

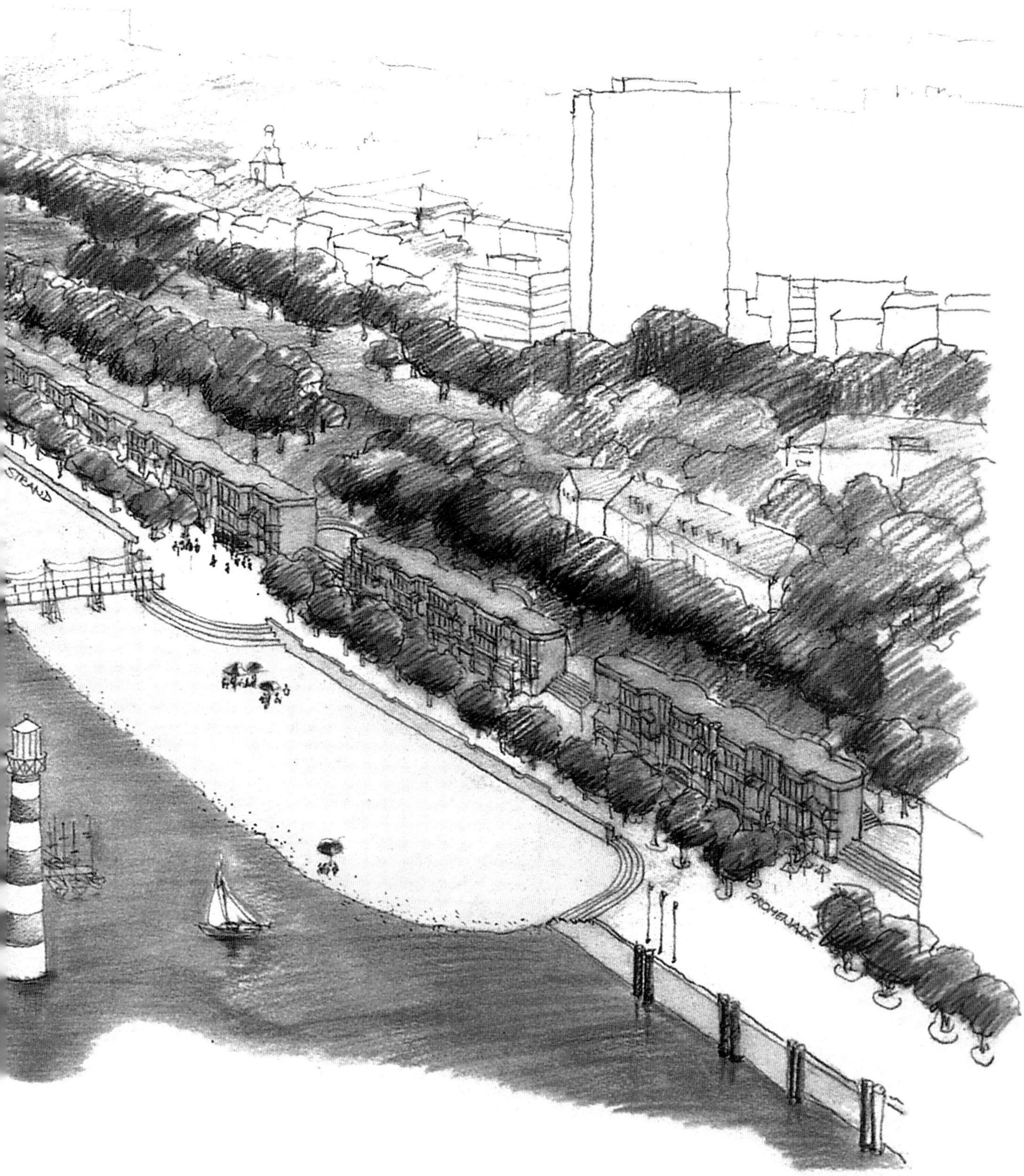
STRAND
PROMENADE

Wasser des Stroms wieder sauber ist. Optisch bleibt durch die Öffnungen zwischen den Inseln die Illusion des Badens im großen Fluss.«

Der Optimismus dieser Architektengruppe hat sich bereits nach wenigen Jahren als realistisch erwiesen. Inzwischen könnte man auf die Abschottung verzichten. Aus der Vision – »wenn das Wasser wieder schön ist, einmal muss es geschehen« – ist Wirklichkeit geworden.

Bade- und Segelsee Altona

4

Das Architektenteam Friedrich Osmers, Donald Ray Carter, Volker Paetzel, Martin Streb und Asmus Werner träumte 1985 während des II. Hamburger Bauforums von einer grünen Achse zwischen Fischmarkt und Oevelgönne. Es schlägt den schrittweisen Verzicht überholter Nutzungen vor (Fischversteigerung und Fischverarbeitung) und konzipierte stattdessen Architektur für Kreuzfahrtschiffsanleger, Museen, Aquarium, Marina und Wohnungen. Zwischen den mehrgeschossigen Wohnbauten planten sie am Ufer der Elbe auch ein Wasserbecken, auf dem gesegelt, in dem aber auch geschwommen werden könnte. »Eine starke Glasscheibe trennt das Elbwasser vom Badewasser«, heißt es explizit, das war 1985. Aber der Traum vom Baden hätte zumindest nahe der Elbe, mit Blick auf die Elbe, schon damals wahr werden können.

Badehaus in der Hafencity

5

Der Architekt Jochen Argo Danzer und der Künstler Patrick Gabler beschäftigen sich schon seit einigen Jahren mit der Idee eines Badehauses im Hamburger Hafen. Die Idee entstand aus ihrem eigenen Bedürfnis, aus einer Sehnsucht nach einem Badehaus. »Ein Bad zu genießen bedeutet, in der Lage zu sein, schuldlos zu verweilen, loszulassen und nichts weiter zu tun, ohne jede Eile«, sagen sie. Baden ist ihrer Meinung nach eine einfache, elementare Handlung, bei der man zu seinem eigenen biologischen Rhythmus zurückfinden kann. Dabei gehe es nicht allein um Sauberkeit und Reinheit, sondern auch um eine Sensibilisierung für Wärme und Kälte, für Sinneswahrnehmungen überhaupt. »Wasser erhöht das Bewusstsein«, schreiben sie, »es bringt Stimmungen in Bewegung.«

Ein Bad kann an einem richtigen, ruhigen, kontemplativen Ort zum Ritual

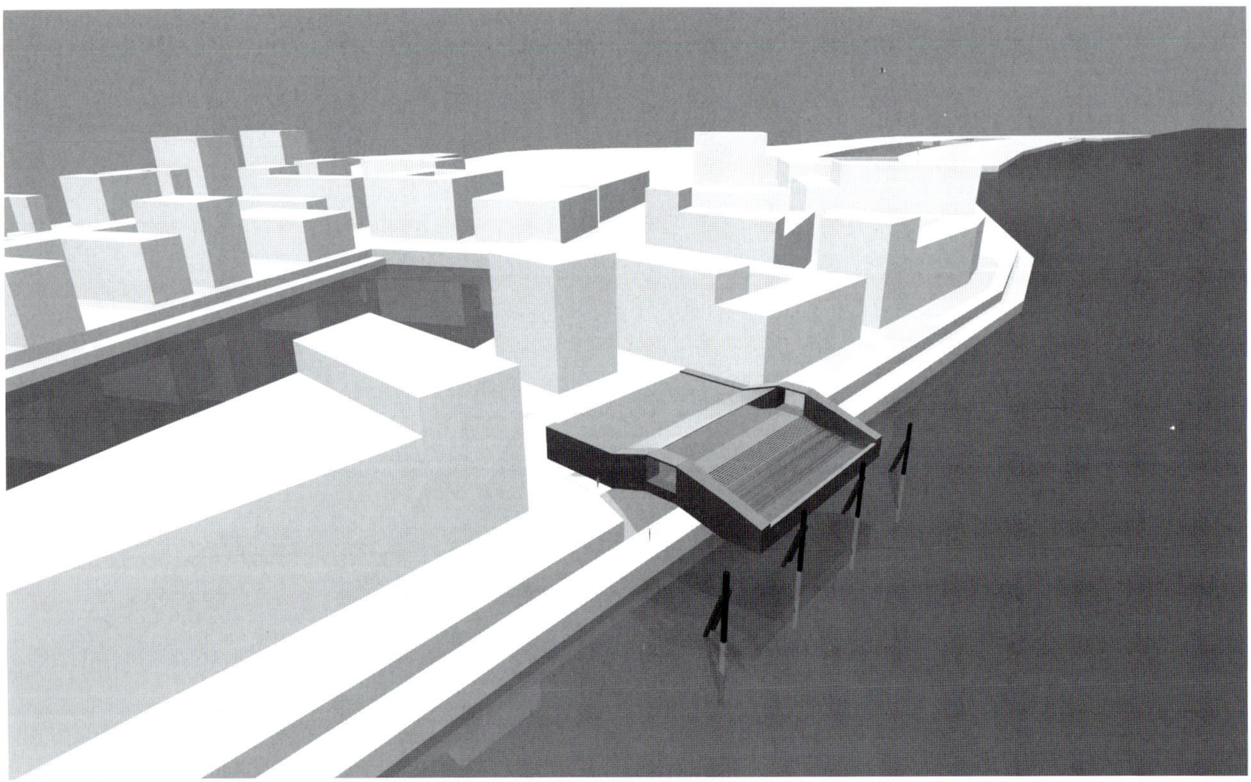

werden, zu einem Platz der Muße und der Sinnlichkeit. Welcher Ort ist richtig? Für Jochen Argo Danzer und Patrick Gabler muss das Badehaus an die Elbe, weil sie identitätsstiftend ist für Hamburg. Badehaus und Bad sollen Teil der Stadt sein. Es gehe nicht darum, irgendwo zu sein und zu baden, irgendeine Idylle vorzugaukeln, etwas Ländliches, eine artifizielle Wasserwelt zu erbauen, sondern darum, die Authentizität der Umgebung zu nutzen, um die Wahrnehmung für den Ort zu schärfen: für den Hafen, die Gezeiten, für Hochwasser, Schiffe und großstädtisches Ambiente.

Da der Hafen inzwischen auch wieder in Hamburg als authentischer urbaner Raum wahrgenommen und genutzt wird, wäre er für Danzers/Gablers Bad der ideale Ort, vor allem die Hafencity: »Hier werden positiv erlebte Stadterfahrungen wie Heimat, Tradition, Wandel und Lebensqualität deutlich«, sagen sie. Die negative Deichform ihres Badehauses verdeutlicht, dass ein Gebäude nah am Fluss die Bedrohung des Wassers respektieren muss: Wie schützt man das Hausinnere vor der Flut, wie öffnet man es gleichzeitig für außen? Wo liegt die Wasserkante, welche Materialien schützen und fügen sich in die Umgebung des Hafens und der Stadt ein?

Geplant sind zwei Bademöglichkeiten: in der Elbe und in einem etwas höher gelegenen abgeschlossenen Wasserbecken, das acht mal dreißig Meter groß sein könnte. Im rückwärtigen Teil des Gebäudes könnten Umkleidekabinen, Duschen, sanitäre Anlagen und möglicherweise kleine Bäder und ein Dampfbad untergebracht sein.

Für Danzer/Gabler ist ein ideales Badehaus das Gegenteil eines Freizeitbades, es gilt Kultur statt Kommerz, Qualität statt Wellness. Die üblichen Freizeitbäder sind für sie »eine unerträgliche Trivialisierung des Badens«. Als beispielhaft vorbildliches Bad beschreiben sie die Therme in Vals von dem Architekten Peter Zumthor. Qualität und Reduktion sind die Maßstäbe: Wer in ein Badehaus geht, fühlt sich schmutzig oder erschöpft und möchte sauber und erholt wieder hinausgehen. Mehr nicht. Der Akt der Reinigung, der inneren wie äußeren, ist zentral. Deswegen kommt auch kein Floatingpool, wie er beispielsweise in Berlin auf der Spree liegt, infrage, sondern ein Badehaus, das sich an der Idee der alten Hamburger Wasch- und Badeanstalt am Schweinemarkt orientiert, wohin die Menschen zwischen 1855 und 1963 zum Baden und Wäschewaschen gingen und welches das älteste öffentliche Hamburger Reinigungsinstitut war – und auch das älteste auf dem europäischen Festland. Es gab in Hamburg zwar schon seit 1826 Anstalten für Wannenbäder, seit 1832 sogar russische, römische und medizinische Bäder, deren Eintrittspreise lagen jedoch so hoch, dass der Besuch ein Luxus war. Während im inneren Ring des Rundbaus nahe dem Hauptbahnhof die Waschfrauen die Wäsche wuschen, mangelten und plätteten, säuberten sich die Besucher in den Badewannen. Körper und Hülle zu reinigen: Das ist die eigentliche Vision für das Elbbadehaus von Danzer/Gabler. Deshalb könnten sie sich vorstellen, auch eine Wäscherei in ihrem Elbebadehaus zu integrieren.

Blu, das mobile Freibad

Das mobile und schwimmende Freibad mit dem Namen blu wurde von Rolf Kellner (Büro für Kunst, Bauen und Stadtentwicklung »überNormalNull«) und Hanno Krieg konzipiert. Es besteht nach dem Baukastenprinzip aus Containern, die mit gefiltertem und möglicherweise temperiertem Elbwasser gefüllt und von Schleppern unkompliziert hin- und hergeschleppt werden können, falls das Freibad seinen Standort ändern muss. In die Container werden Schwimmkörper eingebaut, die das Bad im Wasser stabilisieren. Die 40-Fuß-Container, in denen geschwommen wird, sind so genannte Niederbordcontainer, die wie eine Badewanne in der Elbe liegen, sodass die Badenden auf Höhe des Flusses schwimmen. Die Container sind mit halbtransparenter Folie verkleidet, die bei Dunkelheit durch Scheinwerfer von hinten angeleuchtet werden.

Rolf Kellner und Hanno Krieg benutzen bewusst Elemente des Hafens, also Container, die genormt und statisch berechnet sind. Das Bad könnte 35 mal 12 Meter groß werden, ist aber durch die Wahl des Containers als Baustein modulweise erweiterbar. Im Moment ist das Bad für 120 Besucher konzipiert und kann wie eine Insel auf Reede liegen, am Kai oder längsseits eines Schiffes festmachen. Die Ver- und Entsorgung ist wie auf Schiffen autark.

6

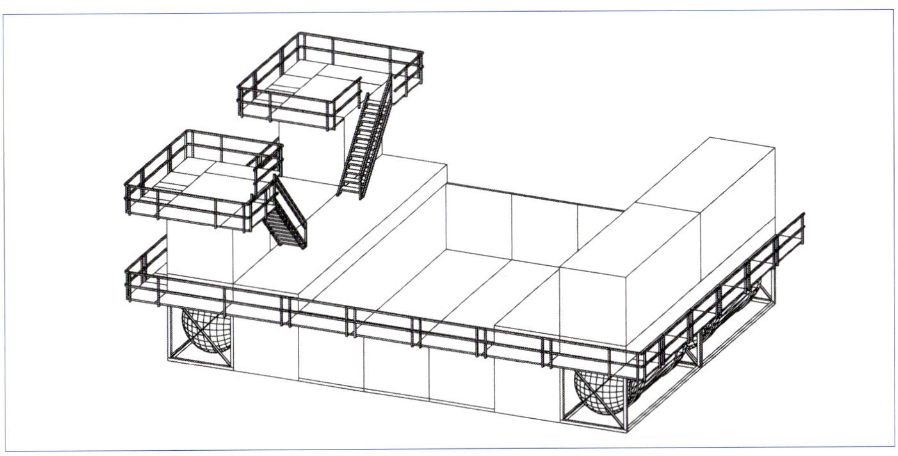

Im Tidebereich der Hamburger Elbe darf das mobile Freibad nicht festmachen, auch Seehäfen sind tabu, sie gelten als Wirtschaftswege, in denen gehandelt, aber nicht gebadet wird. Auch in Süßwasserwattbereichen darf blu nicht liegen, sie unterstehen der Umweltbehörde. Optimal als Standort sind überschaubare Taschen wie im Hansahafen oder im Bereich der Bille, in denen das mobile Freibad geschützt liegen würde.

Playa Hamburgo

7

Der Stadtplaner Julian Petrin vom Planungsbüro urbanista wagt eine Vision, die nicht unbedingt realistisch gemeint ist, sondern aufmerksam machen will auf das Potenzial eines Areals, das direkt mit der Elbe verbunden ist, aber zugleich aus Stadtteilen und Räumen Hamburgs besteht, die bislang im Schatten standen, weil sie sich südlich der Elbe befinden und zum Teil soziale Brennpunkte bilden: Grasbrook, Veddel, Wilhelmsburg, das Bille-Ufer. Angeregt durch die geplante Internationale Bauausstellung Hamburg 2013 und eines ihrer zentralen Anliegen, nämlich den »Sprung über die Elbe«, also die

Integration der Elbinseln in das urbane Gefüge, entwirft Petrin die Utopie Playa Hamburgo (veröffentlicht unter www.playahamburgo.de und in dem Ausstellungskatalog »Stadtnatur« vom Museum der Arbeit). Ziel ist ein Binnensee, der zwischen Hafencity, Veddel, Wilhelmsburg und Steinwerder entstehen könnte, möglich gemacht durch die Flutung von Hafenteilen in diesem Bereich. Das neue Stück Stadt, geprägt von See und Strand, von einer zweiten Außenalster, ist ein gedachter Ort, ein Raumwunsch, eine Provokation. Playa Hamburgo will vor allem Möglichkeiten sichtbar machen.

Ein kilometerlanger Strand würde sich im Halbbogen von der Veddel bis Steinwerder ziehen und in seinem Rücken durch eine moderne Bebauung geschützt werden, die stark an Miami erinnert. »Mir ist vor allem wichtig, dass Hamburg endlich seine Qualität der Wasserlage nutzt. Ich will mit dieser

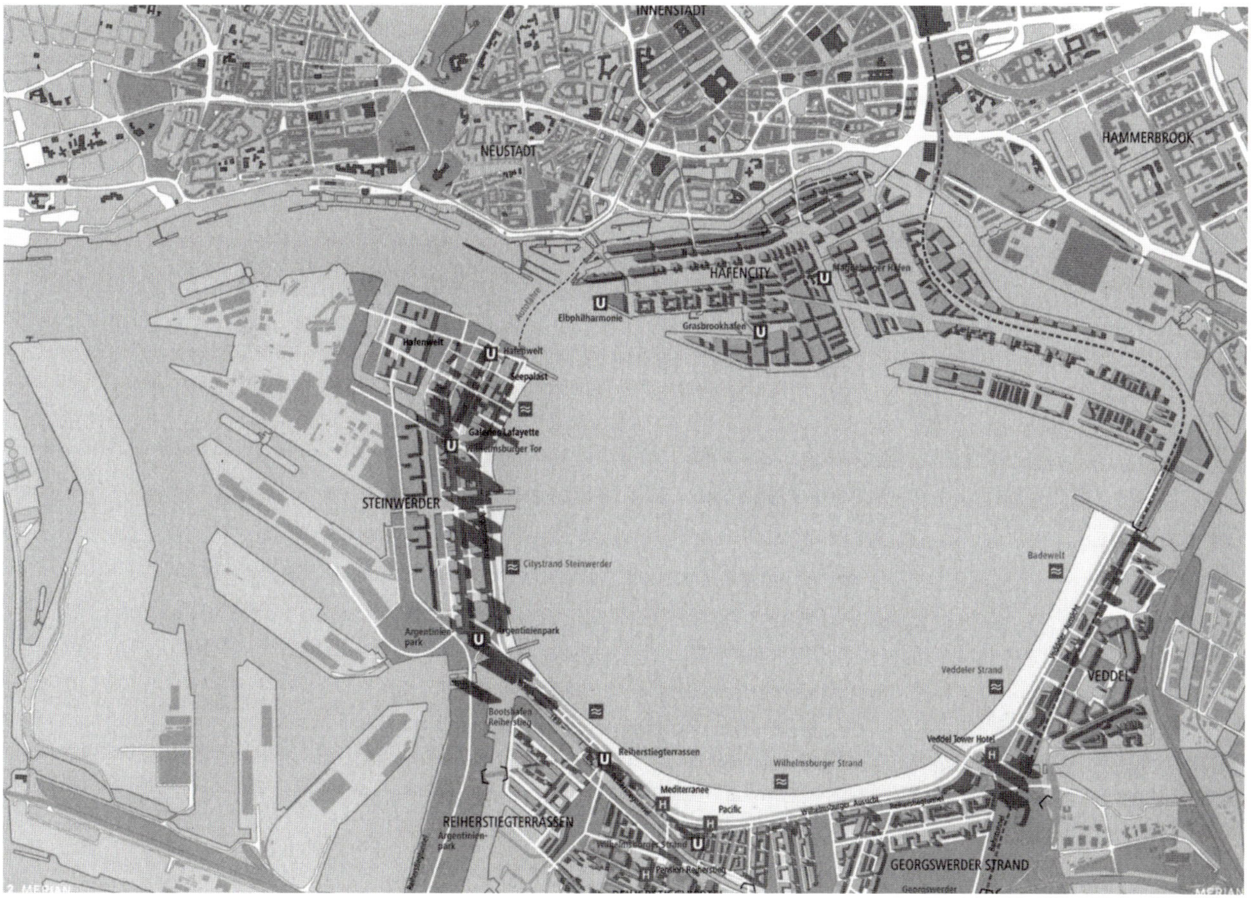

Vision, die nicht auf eine Realisierung angelegt ist, unsere Wahrnehmung für Hamburgs Süden schärfen. Er sollte wieder an die Stadt angebunden werden«, sagt Julian Petrin.

Dass mit der Schaffung des Binnensees zugleich riesige Bodenwerte vernichtet würden, dessen ist sich der Hamburger Stadtplaner bewusst. Er will in großen Dimensionen denken. »Wir müssen in der Stadtentwicklung die klassischen Wege verlassen«, sagt er, »der zwei mal drei Kilometer große See würde eine neue Klammer zwischen Hafencity und Wilhelmsburg bilden, die anliegenden Gebiete würden aufgewertet, und das Reiherstiegviertel könnte mit seinen aufgeschütteten Stränden zur Copacabana Hamburgs werden. Wasser ist in Hamburg stadtprägendes Element.«

Panta rhei, alles fließt – ein Ausblick

Hamburg wendet sich wieder der Elbe zu. Die Stadt und ihre Menschen entdecken ihren Fluss neu. Vor ein-, zweihundert Jahren war die Elbe noch das Badezimmer vieler Hamburger. Fließend Wasser kam nicht aus dem Hahn, sondern gab es nur im Fluss. Hier wusch und reinigte man sich. Dabei war die Wasserqualität schlechter als heute. Heute würde man unter diesen Bedingungen keine Badeanstalt mehr genehmigen. Nach dem Zweiten Weltkrieg verlor die Elbe ihre Bedeutung als öffentliche Badeanstalt. Die Verschmutzung wurde giftiger und unkontrollierbarer. Eine lange Badekultur geriet in Vergessenheit. Heute hat die Elbe wieder bebadbare Wasserqualität, wie es im Amtsdeutsch heißt. Mehr und mehr Menschen schwimmen in ihr und entdecken über das Ufer hinaus auch das Wasser wieder als ein Element, das nicht krank macht, sondern ein Stück wiederhergestellte Natur ist, die gut tut und direkt vor der Haustür liegt – auch als Strandbad. Das ist der kommende Luxus unseres noch jungen Jahrhunderts.

Hamburg entdeckt die Elbe neu und plant sie mit ein in die Zukunft und das Stadtleben. Im besten Fall denken Städteplaner die Elbe architektonisch wieder mit. Die Hafencity verbindet beide Elemente bereits in ihrem Namen – die Lage am Fluss und das städtische Moment. Trotzdem scheint dort, auf diesem riesigen Areal, nicht das zu gelingen, was wünschenswert wäre: dass sich nämlich die Architektur so der Elbe öffnet, dass diese als Wasser zugänglicher wird. Es gilt, die Qualitäten des Flusses wieder schätzen zu lernen – nicht nur zu fürchten.

Diese Chance, sich der Elbe zuzuwenden, bietet sich bei der Revitalisierung der südlichen Inselwohnorte Veddel, Wilhelmsburg und andere. Der »Sprung über die Elbe«, also die geplante räumliche Verknüpfung der Hamburger Innenstadt mit den marginalisierten Stadtteilen südlich der Elbe, bezieht den Fluss wieder mit ein: Er ist nicht nur zu überwindendes Hafengebiet, sondern Teil des städtischen Lebens. Sein Wasser ist nicht nur wirtschaftliche Ressource, sondern bietet auch Lebens- und Wohnqualität. Die Waterfront an der Elbe ist gefragt, Wohnen auf dem Wasser, so genannte Floating Homes, sind angesagt.

Hamburg beginnt, noch mehr mit der Elbe zu leben. Das Schwimmen in ihr öffnet neue Horizonte, ob an einem einsamen Weidenstrand oder in einem Strandbad – ein Elbbad ist eine intensive und individuelle Begegnung mit dem Fluss, für jeden Einzelnen, für jede Einzelne, für alle zusammen. Das Eintauchen in den Fluss, der durch die Stadt fließt, ist Genuss.

Die Elbe wartet.

ELB-GLOSSAR

Badestellen

Es gibt zurzeit keine offizielle Badestelle an der Hamburger Elbe. Würde die Stadt Badestellen ausschreiben, müsste sie die Verkehrssicherungspflicht übernehmen. Das heißt, sie wäre für die Badeaufsicht verantwortlich und müsste Duschen und Toiletten einrichten und unterhalten. Außerdem müssten die ➜ EU-Richtlinien über die Qualität für Badegewässer eingehalten werden, was bei einem Fluss wie der Niederelbe schwierig ist, weil ein fließendes Gewässer – ein Tidegewässer noch mehr – einer starken Dynamik unterliegt. Das heißt, die gemessenen Werte unterliegen großen Schwankungen, starke Regenfälle können zum Beispiel die bakteriologische Konzentration rasch erhöhen. Deshalb werden nur wenige Flüsse in Deutschland als EU-Badegewässer ausgewiesen.

Badeverbot

Laut Wasserschutzpolizei (WSP) ist das Baden und Schwimmen in der Elbe bei Hamburg nicht verboten, aber auch nicht erlaubt. Das Schwimmen in der Fahrrinne ist explizit verboten, im Hafengebiet ebenfalls. Das Hafengebiet endet kurz vor Wedel. Gleichzeitig ist die Fahrrinne etwa ab Oevelgönne mit Tonnen markiert und vom Ufer vor allem bei Flut sehr weit entfernt. Das heißt, dass man sich zwischen Ufer und Fahrrinne in einem gewissermaßen »gesetzesfreien« Raum bewegt. Aus Sicherheitsgründen rät die WSP aber generell vom Baden in der Elbe ab.

Brackwasser

Bezeichnet das Gemisch von Salz- und Süßwasser, es bildet sich zwischen Stade und Cuxhaven, dort beginnt also flussabwärts die Brackwasserzone. Das Salz aus der Nordsee zerstört die Keime des Süßwassers. An der Küste und an den Elbufern bis Stade ist der Wattboden zum Teil salzig, oberhalb von Stade ist er süß. Süßwasserwatt ist weltweit außerordentlich selten und deshalb schützenswert.

BSB_{21}

Der BSB_{21} ist ein Maß für die biochemische Sauerstoffzehrung, die die Wasserinhaltsstoffe innerhalb von 21 Tagen unter bestimmten Bedingungen bewirken. Sie beeinträchtigen den Sauerstoffhaushalt des Gewässers. Von 1989 bis 2004 hat sich der

Wert in der Elbe halbiert. Betriebsstilllegungen nach der Wiedervereinigung und der konsequente Aufbau von Abwasserbehandlungsanlagen haben dazu geführt.

Cholera

In dem extrem warmen Sommer des Jahres 1892 brach in Hamburg die Cholera-Epidemie aus, die fast 20 000 Kranke und 8000 Tote zur Folge hatte. Die Ursache war, dass bei ausgeprägter Flut das fäkalienhaltige Elbwasser von der Siel-Einleitungsstelle bei St. Pauli bis zur Schöpfstelle gelangte und dort das Trinkwasser verseuchte, das unfiltriert entnommen wurde. Das stromab liegende Altona war von der Cholera-Epidemie nicht so betroffen wie Hamburg, möglicherweise weil Altona eine Sandfiltration der eigentlichen Trinkwasserentnahme vorgeschaltet hatte. Wegen dieser hygienischen Missstände gab es vereinzelte Stimmen, die »starke Bedenken gegen die Errichtung einer Flussbadeanstalt in Övelgönne« hatten (Anonym 1899, Redakteur des *Hamburger Correspondenten*).

DLRG

Die Deutsche Lebens-Rettungs-Gesellschaft ist an drei Stellen an der Hamburger Elbe mit Wasserrettungsstationen präsent: am Finkenrieder Hauptdeich an der Süderelbe, am Falkensteiner Ufer und in Wittenbergen. Die Stationen sind von Mai bis September an den Wochenenden von 8 bis 18 Uhr besetzt. Jedes Jahr retten die Wachmannschaften von Hamburg drei bis vier Menschen in Lebensnot. Häufiger sind allerdings kleine Einsätze der Ersten Hilfe.

Ebbe und Flut

Ebbe bezeichnet den gesamten Zeitraum vom Tidehochwasser bis zum Tideniedrigwasser, also die gesamte Zeit, in der das Wasser abläuft. Flut bezeichnet den gesamten Zeitraum vom Tideniedrigwasser bis zum Tidehochwasser, also die gesamte Zeit, in der das Wasser aufläuft. An der unteren Elbe flutet (fast immer) zweimal täglich Nordseewasser flussauf, und zweimal ebbt das Wasser ab. Dieses Naturereignis findet auf 142 Kilometer Länge (bis zur Schleuse Geesthacht) statt. Deshalb heißt dieser Abschnitt der Elbe Tideelbe.

Einzugsgebiet der Elbe

Es ist fast so groß wie das des Rheins (81 Prozent), nämlich 148 268 Quadratkilometer, aber die Elbe führt nur die Hälfte bis ein Viertel der Wassermenge des Rheins. Ein Drittel des Einzugsgebiets entfällt auf die Tschechische Republik, knapp zwei Drittel auf Deutschland. Im Einzugsgebiet der Elbe leben 24,7 Millionen Einwohner.

Elbe

Die Deutschen nennen den 1165 Kilometer langen Fluss Elbe, die Tschechen sagen Labe. Beide Namen gehen auf die indogermanische Wurzel »albh« zurück, was weiß oder leuchtend, also trinkbar bedeutet. Sie entspringt im Riesengebirge bei Spindleruv Mlyn (Tschechische Republik).

Elbe-Badetag

Am 14. Juli 2002 gab es an der Elbe von der Quelle bis zur Mündung den 1. Internationalen Elbe-Badetag. Über 10 000 Elbanrainer badeten von Tschechien bis zur Nordsee an 55 Badestellen in der Elbe. In Dresden gab es ein gemeinsames Wettschwimmen von Ufer zu Ufer, bei Hitzacker wurde an den ehemaligen deutsch-deutschen Grenzfluss erinnert, Flößer schafften von der Quelle im Riesengebirge Trinkwasser bis nach Dresden, in Hamburg wurde in historischen Kostümen am Strand von Wittenbergen gebadet. Der 2. Elbe-Badetag wurde unter dem Motto »Big Jump« am 17. Juli 2005 in der Hafencity gefeiert, zeitgleich mit Badetagen an der Loire, der Themse und dem Rhein sowie anderen europäischen Flüssen. Die Hamburger badeten am Strandkai, wo zwei Museumsschiffe quer lagen und mit den Kaimauern ein Schwimmbad bildeten. Initiiert haben den internationalen Badetag die Deutsche Umwelthilfe und Gruner+Jahr mit ihrem Projekt ➜ Lebendige Elbe.

EU-Richtlinien über die Qualität für Badegewässer

Als Badegewässer gilt jedes fließende oder stehende Binnenoberflächengewässer, Übergangsgewässer oder Küstengewässer oder Teile dieser Gewässer, in denen das Baden nicht untersagt ist und in denen üblicherweise eine große Anzahl von Personen badet oder das Baden durch Behörden oder kommerzielle Einrichtungen aktiv gefördert wird. Die 1976 verabschiedeten Badegewässerrichtlinien legten zunächst Normen fest und sensibilisierten die Öffentlichkeit. Ihr Hauptziel war die Verbesserung der Wasserqualität und der Schutz der Bürger, die in natürlichen Gewässern baden. Inzwischen haben sich jedoch Freizeitverhalten und die politische wie ökologische Situation verändert. Deshalb wurden 2002 neue Richtlinien festgelegt. Anstatt 19 werden jetzt nur noch zwei mikrobiologische Kernparameter bestimmt, die durch visuelle Kontrollen (Algenblüte und Öl) und Messungen des pH-Wertes in Süßwasser ergänzt werden. (➜ Qualität von Badegewässern)

Europäische Wasserrahmenrichtlinie (WRRL)

Bis Ende 2005 mussten alle europäischen Länder gemäß der WRRL den Zustand ihrer Gewässer an die Europäische Union melden. Dabei werden alle Gewässer in Kategorien eingeteilt – die Elbe gehört zur Kategorie Fließgewässer. Mit jeder Kategorie sind bestimmte Maßnahmen verbunden, um die Wasserqualität zu verbessern und den Naturschutz zu fördern. Bis zum Jahr 2015 müssen die Maßnahmen, die den guten ökologischen Zustand eines Gewässers erhalten, abgeschlossen sein. Um den Zustand der Elbe zu verbessern, hat sich im Jahr 2000 die Flussgemeinschaft Elbe (FGG Elbe) gegründet. Die EU-Mitgliedstaaten Deutschland, Tschechische Republik, Österreich und Polen verabschiedeten auf der Internationalen Elbe-Ministerkonferenz am 3. März 2005 in Dresden den gemeinsamen Bericht gemäß der WRRL.

Fahrrinne

Die Sohle der Elbe zwischen dem Hamburger Hafen und der Elbemündung ist so weit vertieft, dass ein tideunabhängiger Verkehr bis zu einem Tiefgang von 12,9 Metern möglich ist.

Fischarten

Es gibt inzwischen 101 Fischarten in der Elbe, auch der ➜ Lachs ist wieder heimisch geworden. 1992 waren es nur 50 Arten, in den 1980er Jahren an der mittleren Elbe sogar nur 26 Arten. Bis auf den Atlantischen Stör sind alle früheren Arten wieder vorhanden: In der Tideelbe (Flusskilometer 585,9–624,0) und der limnischen Unterelbe (Flusskilometer 624,0–655,0) leben Süßwassertiere wie Hecht, Brasse, Zander, Quappe, Karpfen, Bitterling, Steinbeißer, Stichling; marine und euryhaline Arten wie Hering, Sprotte, Seezunge, Sand- und Strandgrundel, Fluss- und Meerneunauge, Sibirischer Stör, Finte, Lachs, Meer- und Regenbogenforelle, Flunder, Aal und Scholle. Für 1,25 Millionen Euro wurde die Staustufe in Geesthacht 1998 mit einer neuen Fischtreppe ausgerüstet, über die die Fische nun flussaufwärts schwimmen können.

Hamburger Badegewässer

Hamburg hat 17 Badestellen, fast alle an Seen im östlichen Teil der Stadt gelegen. Dort werden im Sommerhalbjahr (15. Mai bis 15. September) alle vierzehn Tage Wasserproben entnommen und auf bestimmte Parameter wie Sauerstoffgehalt, pH-Wert und Sichttiefe sowie Keime getestet. Ein Badeverbot wird ausgesprochen, wenn Grenzwerte überschritten werden, die Sichttiefe weniger als einen Meter beträgt oder die Gesundheit aus anderen Gründen gefährdet ist. Mikrobiologische Untersuchungen verfolgen fäkalcoliforme Bakterien, gesamtcoliforme Bakterien, Fäkalstreptokokken und Salmonellen. Die physikalischen und chemischen Untersuchungen achten auf Wasserfärbung, Geruch, Schaumbildung, Trübung, Fremdstoffe und messen Wassertemperatur, pH-Wert und Sichttiefe. In den Sommern

2003 und 2005 musste beispielweise der Hamburger Eichbaumsee wegen zu hoher Algenbelastung zeitweilig für Badende gesperrt werden. Die giftigen Blaualgen können bei empfindlichen Menschen Hautreizungen hervorrufen. In größeren Mengen verschluckt, rufen sie Übelkeit hervor.

Jahrhundertflut

Der Schadstoff HCH, bekannt unter dem Namen Lindan, wurde nach der Jahrhundertflut von 2002 in Brassen nachgewiesen: Das Muldehochwasser hatte die nicht sanierten Giftkippen des ehemaligen DDR-Chemiestandortes Bitterfeld überschwemmt und so die Altlasten in die Elbe gespült, deren Rückstände in der Umwelt kaum abbaubar sind. Trotzdem kann man grundsätzlich sagen, dass die Elbe mit Blick auf die Schadstoffbelastung die ➜ EU-Richtlinien für Badegewässer erfüllt.

Keimbelastung

Bei sehr starkem Regen oder Gewitter laufen die Transportsiele und Mischwasser-Rückhaltebecken der Stadt über. Ein Mix aus Abwasser, Regenwasser und Straßenschmutz schwappt dann durch die Überlaufanschlüsse in die Gewässer, u. a. die Elbe, und die Keimbelastung in den Gewässern steigt explosionsartig. Laut Wassergütestelle kann dann beim Schwimmen eine Gesundheitsgefährdung bestehen.

Kläranlagen

Seit 1990 sind entlang der Elbe mehr als 240 große kommunale Kläranlagen entstanden, 61 davon in Tschechien. Damit verfügen jetzt alle Gemeinden mit mehr als 20 000 Einwohnern im Einzugsgebiet der Elbe über moderne Kläranlagen. Das Hamburger Klärwerk entstand nach den Zerstörungen im Zweiten Weltkrieg stufenweise ab 1955 auf der Elbhalbinsel Köhlbrandhöft. Seine zehn eiförmigen Faultanks sind weithin sichtbar. Seit 1988 arbeitet auf der Dradenau eine weitere Anlage mit einer zusätzlichen biologischen Reinigungsstufe.

Lachs

Er schwimmt wieder in der Elbe, aber noch nicht so zahlreich, als dass er schon wieder zum Fang freigegeben werden könnte. Einer alten Sage nach soll es in Hamburg einmal einen solchen Überfluss an großen, fetten Lachsen gegeben haben, dass jedermann sie sich ohne große Mühe fangen konnte. »Von der Elbe her kamen die Fische besonders zahlreich in die Wassergräben«, heißt es in der Elbsage über den Lachs, »und warum? Weil die reichen Bierbrauer die Treber von dem ausgekochten Gerstenabfall dort ins Wasser schütteten.« Das ständige Lachsessen jedoch verärgerte die Hamburger Mägde und Knechte und sonstigen Dienstboten, deshalb beklagten sie sich, dass es ihnen zuwider sei, täglich Lachs zu essen. Daraufhin wurde erlassen, dass die Herrschaften ihren Dienstboten nur noch zweimal pro Woche Lachs zu essen geben dürften.

Lebendige Elbe

Mit diesem Projekt unterstützt die Deutsche Umwelthilfe in Kooperation mit Gruner+Jahr die ➜ Europäische Wasserrahmenrichtlinie (WRRL). Sie hat das Ziel, bis 2015 überall in Europa die Flüsse wieder in einen guten ökologischen Zustand zu versetzen. Für die Elbe soll ein ganzheitliches Schutzkonzept von der Quelle bis zur Mündung entwickelt werden. Dazu werden die mehr als 400 Umweltorganisationen und -gruppen entlang der Elbe unterstützt. Langfristiges Ziel ist die Aufnahme von Teilen der Flusslandschaft Elbe in das Welterbe-Verzeichnis der UNESCO.

Nährstoffe

Die Belastung der Elbe durch Nährstoffe (Stickstoff- und Phosphorverbindungen), die aus meist nicht nachvollziehbaren Quellen stammen (insbesondere aus der Landwirtschaft), ist seit 1989 zwar um rund 50 Prozent gesunken, aber noch immer hoch.

Organische Stoffe

Trichlormethan, Trichlorethen und Tetrachlorethen und andere organische Stoffe befinden sich in der Elbe auf einem niedrigen Niveau. Ihre Jahresfrachten haben sich seit 1989 um fast 100 Prozent verringert. Früher waren sie für den apothekenartigen Geruch des Elbwassers verantwortlich. Ein Rückgang der zu den Pestiziden gehörenden HCH-Isomere in der Elbe ist noch wünschenswert, die Frachten dieser Stoffgruppe entstehen noch durch Altlasten (➜ Jahrhundertflut). Auch das seit langem verbotene Insektizid p,p'-DDT führt noch immer aus Altlasten zu Belastungsproblemen bei fettreichen Fischen. Für das Baden in der Elbe sind alle Stoffe unschädlich.

Qualität von Badegewässern

Nach den ➜ EU-Richtlinien von 2002 werden folgende Messungen vorgenommen: Es werden die zwei Fäkalindikatoren Darmenterokokken (D.C.) und Escherichia coli (E.C.) gemessen und die physikalisch-chemischen Parameter Mineralöle, Teerrückstände, schwimmende Körper wie Holz, Glas, Kunststoff, Gummi und sonstige Abfallstoffe. Die Reduzierung der Parameter ist möglich geworden, weil inzwischen mit der ➜ Europäischen Wasserrahmenrichtlinie ein umfassendes biologisches und chemisches Kontrollsystem geschaffen worden ist. Am Ende jeder Badesaison werden die Überwachungsdaten der letzten drei Jahre ausgewertet. Je nach Ergebnis der Analyse werden die Gewässer als »mangelhaft«, »gut« oder »ausgezeichnet« bewertet. Eine Einstufung als »ausgezeichnet« kann nur erfolgen, wenn die Qualität den in der Richtlinie festgelegten Normen entspricht und wenn die Bewirtschaftungsmaßnahmen auf die Wassersportarten des betreffenden Badegewässers abgestimmt sind.

Sauerstoff

Der Sauerstoffgehalt der Elbe ist inzwischen wieder so gut, dass das Wasser Nahrungsgrundlage für 101 ➜ Fischarten bietet. Der Sauerstoffgehalt unterliegt Schwankungen, die auch von der Jahreszeit abhängig sind. Erwärmt sich das Wasser in den Sommermonaten, sinkt der Sauerstoffgehalt.

Schwebstoffe/Sediment

Als Sedimentation bezeichnet man das Ablagern von Teilchen aus Flüssigkeiten. Bildet sich eine Schicht aus Schwebstoffen, so nennt man diesen Bodensatz Sediment. Schwebstoffe sind ungelöste, feinst verteilte Stoffe (Partikel), die aufgrund ihrer annähernd gleichen Dichte wie Wasser in diesem frei schweben und nur schwerlich eliminierbar sind. Die hohe Schwebstofftracht des Wassers (abfiltrierbare Stoffe) ist nicht nur beim Elbbaden (schlechte Sicht) ein Problem. Die Schwebstofftracht hat sich auf Höhe der Messstation Seemannshöft (im Hamburger Hafen bei Flusskilometer 628) seit 1989 verdoppelt (2004: 840 000 t/a, Tonnen pro Jahr) mit einem erheblichen Anteil, der nicht weitertransportiert wird. Das heißt, im Hamburger Hafen werden große Mengen Sediment umgelagert, während durch die Flutstromdominanz, die stark zugenommen hat, zusätzlich Sediment stromaufwärts in die Hafenbecken transportiert wird.

Schwermetalle

2004 wurden in der Elbe bei Schnackenburg 1,0 t/a (Tonnen pro Jahr) Quecksilber gemessen, was fast der natürlichen geogenen Grundbelastung der Elbe entspricht. Der Spitzenwert lag im Jahr 1985 bei 28 t/a. In der Unteren Mittelelbe sanken seitdem die Jahresfrachten von Quecksilber um 90 Prozent, von Blei um 50 Prozent, von Zink und Nickel um 70 Prozent, von Chrom um 86 Prozent, von Arsen um 13 Prozent und von Cadmium um 19 Prozent.

Tidenhub

Bezeichnet den mittleren Höhenunterschied zwischen einem Hochwasser und den beiden benachbarten Niedrigwassern einer Tide. Vor Blankenese liegt der mittlere Tidenhub bei 2,95 Metern.

Tidenkalender

Wer in der Hamburger Elbe schwimmen möchte, sollte über die Gezeiten Bescheid wissen. Das Bundesamt für Seeschifffahrt und Hydrographie gibt jedes Jahr den Gezeitenkalender für die Deutsche Bucht und deren Flussgebiete heraus. Darin kann man für das ganze Jahr alle Hoch- und Niedrigwasserzeiten nachlesen. Hamburg orientiert sich am Wasserstand auf der Höhe von St. Pauli. Wer weiter flussaufwärts schwimmen möchte, zum Beispiel bei Altengamme, oder weiter flussabwärts, beispielsweise in Blankenese, der kann mit Hilfe genauer Angaben im Kalender für jeden Flusskilometer Flut und Ebbe berechnen. Der Gezeitenkalender ist in Buchhandlungen nicht nur in Hafennähe sowie in Fachgeschäften für Seglerbedarf u. ä. erhältlich.

Wassergütemessnetz

Das Institut für Hygiene und Umwelt betreibt seit 1988 für die Stadt Hamburg ein Wassergütemessnetz mit elf Stationen an den Fließgewässern Elbe, Alster, Bille, Ammersbek, Tarpenbek und Wandse. Erfasst werden biologische, chemisch-physikalische Gütekenndaten wie Wassertemperatur, ➜ Sauerstoffgehalt, pH-Wert und Chlorophyllgehalt. An der Elbe werden im Hamburger Bereich an den Stationen Bunthaus, Seemannshöft und Blankenese Wassergütedaten gemessen. Aus den Jahresverläufen der Daten ist zu erkennen, dass im Sommer, wenn die Temperaturen steigen, naturgemäß der Sauerstoffgehalt, der pH-Wert und der Chlorophyllgehalt sinken.

Wasserklosett

Verheerende Folgen für die Qualität des Elbwassers bei Hamburg hatte die Einführung des Wasserklosetts. Die ersten Klosetts wurden um 1810 installiert, bereits um 1840 war die Abwasserbeseitigung ein dringliches Problem geworden. Die Sickergruben erwiesen sich als zu klein, um auch das Spülwasser aufnehmen zu können. Bevor ein zentrales Leitungssystem für Trinkwasser sowie eine Kanalisation in Auftrag gegeben werden konnten, zerstörte der große Brand von 1842 weite Teile der Hamburger Innenstadt, bei den Löscharbeiten jedoch wurde der desolate Zustand der Wasserversorgung deutlich. Seitdem die Abwässer gebündelt am Kai von St. Pauli eingeleitet wurden, gab es Meldungen über das Fischsterben in der Unterelbe.

Wasserqualität

Sie hat sich seit Ende der 1980er Jahre deutlich verbessert. An drei Messstellen entlang der Elbe (Schmilka, Schnackenburg und Seemannshöft) werden über hundert ausgewählte physikalische, chemische und biologische Parameter untersucht. Gemessen werden die Frachten von ➜ Schwermetallen, ➜ organischen Stoffen und ➜ Nährstoffen.

Wassertemperatur

Die mittlere Wassertemperatur der Elbe beträgt 12 Grad Celsius. Sie schwankt im Jahresverlauf zwischen 0 und 26 Grad Celsius.

Bibliografie

Bartos-Höppner, Barbara: Elbsaga. Ein Fluss erzählt Geschichte. Oetinger, Hamburg 1985. S. 210–215, 231–234

Becker, Christina: Altona von A–Z. Das Stadtteillexikon. Medien Verlag Schubert, Hamburg 2001. S. 24

Beer, Karl-Theo (Hrsg.): Der Hamburger Hafen auf alten Ansichtskarten 1888–1914. Koehler Verlagsgesellschaft, Herford 1988. S. 175

Beling, Heinrich: Das Flussbad in Bergedorf. Mitteilungsblatt des Lichtwarkausschusses Bergedorf. Sonderausgabe September 1950. S. 20/24

Blankeneser Monatsschrift, Jahrgang 1954

Bracker, Jörgen: Unser Strom. Hamburg und die Niederelbe von Lauenburg bis Cuxhaven. Ernst Kabel Verlag, Hamburg 1995

Brandenburg, Hajo: Hamburg-Altona. Sutton Verlag, Erfurt 2003

Das Elbufer. Klönschnack 3/2002

Croutier, Alev Lytle: Wasser. Elixier des Lebens. Mythen und Bräuche, Quellen und Bäder. Wilhelm Heyne Verlag, München 1992

Czychon, Anett: Zurück zum Flussbaden? Eine Untersuchung des Badewesens in Hamburg. Hamburg 2003. Diplomarbeit im Fachbereich Sportwissenschaften der Universität Hamburg

Dörfler, Ernst Paul: Wunder der Elbe. Biografie eines Flusses. Verlag Janos Stekovics, Halle an der Saale 2000

Fickenscher, Klaus (Hrsg.): Die Elbe hat es mir erzählt. Eine Sagenreise. Mitteldeutscher Verlag, Leipzig 1991

Grützner, Winfried: Blankenese. »Ein wahres Paradies von Weltruf«. Koehlers Verlagsgesellschaft, Herford 1994. S. 89–94

Haefcke, Peter: An der Elbe. Hamburg und Umgebung. Runkel Verlag, Pinneberg 1997

Hamburg Lexikon. Hrsg. von Frank Kopitzsch und Daniel Tilgner. Zeiseverlag, Hamburg 1998. S. 45

Hamburg und seine Bauten unter Berücksichtigung der Nachbarstädte Altona und Wandsbek. Hrsg. vom Architekten- und Ingenieur-Verein zu Hamburg. Selbstverlag des Vereins, Hamburg 1890. S. 214–230

Hamburg und seine Bauten unter Berücksichtigung der Nachbarstädte Altona und Wandsbek 1914. Hrsg. vom Architekten- und Ingenieur-Verein zu Hamburg. Selbstverlag des Vereins, Hamburg 1914. 2. Band, S. 397–407

Hamburg-Rissen in historischen Ansichtskarten. 750 Jahre Rissen. Hrsg. vom Stadtteilarchiv des Bürgervereins Rissen. Geiger Verlag, Horb am Neckar 2005

Hoffmann, Paul Th.: Neues Altona 1919–1929. Zehn Jahre Aufbau einer deutschen Großstadt. Eugen Diederichs Verlag, Jena 1929. S. 476–483

Hülsewig-Johnen, Jutta/Kellein, Thomas (Hrsg.): Die Badenden. Mensch und Natur im deutschen Expressionismus. Kunsthalle Bielefeld, 2000

Hygiene und soziale Hygiene in Hamburg. Zur neunzigsten Versammlung der deutschen Naturforscher und Ärzte in Hamburg im Jahre 1928. Hrsg. von der Gesundheitsbehörde Hamburg. Paul Hartung Verlag, Hamburg 1928. S. 607, 610 f.

Kayser, Conrad/Meyer-Marwitz, Bernhard (Hrsg.): Unter Hamburgs Türmen. Ein Almanach. Verlag Hamburgische Bücherei, Hamburg 1948
Klönschnack: Blankeneser Geschichten. 2. Sonderheft 2000. Hamburg-Blankenese. S. 58–62
Klönschnack: Das Blankeneser ABC. 1. Sonderheft 2000. Hamburg-Blankenese. S. 13
Koren, Leonard: Undesigning the Bath. Stone Bridge Press, Berkeley, USA 1996
Lachmund, Fritz: Europäische Bibliothek. Zaltbommel/NL 1992
Leip, Hans: Hamburg. Velhagen & Klasing. Bielefeld und Leipzig 1937
Leip, Hans: Jan Himp und die kleine Brise. Roman. Verlag Die Brigantine, Hamburg 1967
Linde, Richard: Die Niederelbe. Velhagen & Klasing, Bielefeld und Leipzig 1913
Loewenfeld, Kurt: Vom Badeschiff auf dem Jungfernstieg. Hamburgische Geschichts- und Heimatblätter III. Band, 7. Jg., 1933. S. 36–40
Marut-Schröter, Katharina/Schröter, Jan: Die Elbvororte. Blankenese, Rissen, Sülldorf, Iserbrook im Wandel I. Medien Verlag Schubert, Hamburg 1992. S. 87–89
Marut-Schröter, Katharina/Schröter, Jan: Die Elbvororte. Nienstedten, Flottbek, Othmarschen und Övelgönne im Wandel II. Medien Verlag Schubert, Hamburg 1993. S. 102
Mevius, Walter: Freibäder in Hamburg. In: Fachliche Berichte. Hamburger Wasserwerke GmbH 1/2003, 21. Jg. S. 41–47
Nölle-Fischer, Karen: Die Elbe. Ein literarischer Reisebegleiter von der Mündung bis zum Riesengebirge. Klett-Cotta, Stuttgart 1999
Norddeutsche Nachrichten, Jahrgänge 1928, 1952
Pini, Udo: Zu Gast im alten Hamburg. Erinnerungen an Hotels, Gaststätten, Ausflugslokale, Ballhäuser, Kneipen, Cafés und Varietés. Hugendubel, München 1987. S. 244–246
Sprawson, Charles: Die Kulturgeschichte des Schwimmens. Hrsg. und übersetzt von John von Düffel. Marebuchverlag, Hamburg 2002
Stadt am Hafen – Hafenstadt: II. Hamburger Bauforum 1985. Projekte für das Elbufer. Christians Verlag, Hamburg 1986
Thede-Ottowell, Anne-Marie: Hamburg: Vom Alsterhafen zur Welthafenstadt. Koehler, Hamburg 1996. S. 111
Thielcke, Gerhard: Lebendige Elbe. Verlag Stadler, Konstanz 1999
Verein 700 Jahre Nienstedten e.V. (Hrsg.): Elbleuchten. Literarische Fundstücke von Hamburg-Altona bis Blankenese. Books on demand, Norderstedt 2005
Wildgruber, Vera (Hrsg.): Elbische Impressionen. Gedichte und Erzählungen von der Quelle der Labe bis zur Elbmündung. Verlag am Brink, Edition Prignitz. Rühstädt, o. Jahr
Will, Carl: Hamburg. Elbaufwärts – Elbabwärts. 3. Teil, Verlag Gesellschaft der Freunde des Vaterländischen Schul- und Erziehungswesens e.V., Hamburg. 2. Auflage, 1963
Wolff, Carl: Öffentliche Bade- und Schwimmanstalten. Aus der Sammlung Göschen. G. J. Göschen'sche Verlagshandlung 1908. S. 18–46, 72–80
Zeißler, Ute: Badetag an der Elbe, Hamburg 2003

Internetadressen

www.arge-elbe.de
Arbeitsgemeinschaft für die Reinhaltung der Elbe

http://elise.bafg.de/
Elbe-Informationssystem

www.ikse.de
Internationale Kommission zum Schutz der Elbe

www.fgg-elbe.de
Flussgebietsgemeinschaft Elbe

www.elbebadetag.de

www.rivernet.org
Europäisches Flussnetzwerk

http://www.bsh.de/aktdat/wvd/tabelb.htm
Wasserstandsvorhersagen

www.duh.de
Deutsche Umwelthilfe

www.bsh.de
Bundesamt für Seeschifffahrt und Hydrographie

Bildnachweis

Christian Charisius: S. 2/3, 4, 27, 153
Hella Kemper: S. 97
Christa Kujath: S. 87, 88, 90/91
Thomas Kunadt: S. 8, 93, 154/155
Vera Tammen: S. 13, 98, 100, 103, 107, 108, 111, 112, 113, 114, 117
Altonaer Museum: S. 28/29, 44/45, 57, 66, 74
Blankeneser Bürgerverein: S. 16/17, 35, 49, 53, 54, 55, 60, 68, 72/73, 76/77, 79, 80/81, 84
Hamburg Museum: S. 22/23, 30/31, 32/33, 38/39, 40/41, 51, 58
Hamburger Kunsthalle: S. 46
Stadtteilarchiv Hamm: S. 70, 71
Jochen Argo Danzer: S. 132, 133
Roswitha Düsterhöft u. a.: S. 128/129
Rolf Kellner/Hanno Krieg: S. 135, 136
Judith Mues: S. 125, 126
Friedrich Osmers u. a.: S. 131
Julian Petrin: S. 137, 138
Axel Siemonsen: S. 123
privat: 62, 63, 65, 82, 83

Karten S. 14/15, 94/95, 118/119 Markus Kluger

Mein Dank geht an

das Altonaer Museum,
den Blankeneser Bürgerverein,
das Hamburg Museum,
das Stadtteilarchiv Hamm,
die früheren Elbschwimmerinnen
Ingeborg Graaf, Erika Knappe,
Irma Tittelbach und Christa Uhlig,
die Porträtierten,
alle Fotografen, die in diesem Buch mit Fotos vertreten sind,
die Architekten, die ihre Elbbad-Visionen formuliert haben,
Julia Suchorski und Bernd Brunner vom Murmann Verlag,
Markus Kluger für die Elbkarten,
Barbara Hajek und Christian Staas fürs Gegenlesen.
Klaas? Danke.

Über die Autorin

Hella Kemper, 1966 an der Diemel geboren, volontierte nach dem Studium bei der *Neuen Westfälischen* in Bielefeld und war dort fünf Jahre Feuilletonredakteurin. 2000 zog sie an die Elbe und arbeitete als Redakteurin bei der *ZEIT*. Jetzt schreibt sie als freie Autorin und Journalistin in Hamburg. 2003 erschien ihr Buch »Sammellust«.